긍정조직
혁명

긍정조직혁명

초판 1쇄 인쇄   2011년 8월 5일
초판 1쇄 발행   2011년 8월 9일

지은이　　박상곤 · 이태복
펴낸이　　우문식
펴낸곳　　도서출판 물푸레

등록번호　제 1072-25호
등록일자　1994년 11월 11일

주소　　　경기도 안양시 동안구 호계동 950-51 정현빌딩 201호
대표전화　(031) 453-3211
팩시밀리　(031) 458-0097
홈페이지　http://www.mulpure.com

ISBN 978-89-8110-300-2   03320
값 13,000원

■ 책에 관한 문의는 mpr@mulpure.com으로 해주시기 바랍니다.

강 점 과 꿈 으 로 이 루 는 행 복 한 변 화

Appreciative Inquiry

긍정조직
혁명

박상곤 • 이태복 지음

도서출판 물푸레

"과거에서 배우고 현재를 살며, 미래에 대한 희망을 가져라."

아인슈타인

"조직의 리더들이 해야 할 핵심 역할은 조직의 약점들이
별 문제가 없게끔 강점들을 잘 정렬하는 것이다."

피터 드러커

행복한 변화를 이끄는 긍정경영

동물들의 세계에 전쟁이 일어났다. 사자가 총지휘관이 되었고 동물들이 사방에서 몰려들었다. 동물들은 서로를 쳐다보며 한심하다는 듯이 수군거렸다.

"당나귀는 멍텅구리라서 전쟁에 방해만 될 테니 돌아가는 게 낫지."

"토끼 같은 겁쟁이가 어떻게 싸움을 한다고 온 거야! 한심하군."

"개미는 힘이 약해 어디다 쓰겠어?"

"코끼리는 덩치가 커서 적에게 금방 들통나고 말걸."

이때 총지휘관인 사자가 호통을 쳤다.

"시끄럽다. 모두 조용히 해라! 당나귀는 입이 길어서 나팔수로 쓸 것이다. 그리고 토끼는 걸음이 빠르니 전령으로 쓸 것이며, 개미는 작아서 눈에 안 띄니 적진에 게릴라로 파견할 것이고, 코끼리는 힘이 세니 전쟁 물자를 운반하는 일을 할 것이다."

이와 같이 우리가 어떠한 관점에서 보느냐에 따라 상황은 매우 달라질 수 있다. 우리는 많은 부분에서 긍정보다는 부정의 측면을, 강점보다는 약점의 측면을, 가능성보다는 문제의 측면을 보곤 한다. 이는 오랜 시간, 인간 역사에 있어 세계를 바라보는 하나의 세계관이 되었다. 누구도 이의를 제기하지 않는 절대불변의 진리처럼 보인다. 개인이든 조직이든 변화와 혁신을 위한 출발점은 '문제가 무엇이지?'부터다.

그러나 이러한 변화를 위한 노력이 기대한 성과를 모두 거둘 수 있었던 것은 아니었다. 조직구성원들이 행복하며, 동시에 기대한 비전과 목표와 꿈을 이루어낼 수 있는 변화는 없을까? 그들의 강점으로부터 미래를 설계하고 꿈꾸며, 자유롭게 이야기하는 즐거운 변화 말이다. 우리가 취했던 기존의 문제해결 방법이 전혀 가치가 없다는 것이 아니다. 이 시점에서 모두를 행복하게 하는 변화를 원하는 것이다. 승자 없는 변화의 반복이 아니라 모두가 승자가 되는 행복한 변화를 이야기하고 싶은 것이다.

피터 드러커는 "누구도 강점 위에서 성과를 이루지 않는 사람은 없다. 약점에서 성과를 이루어낼 수는 없다"라고 말한다. 결국 우리가 성취한 모든 것은 우리의 강점 위에 만들어졌다. 따라서, 강점을 발견하고 활용한다면, 우리의 꿈은 더욱 실현가능성이 커지고 자신감과 열정이 솟구쳐 오르게 될 것이다. 처칠의 말처럼, 과거의 일을 과거의 일로만 처리해 버리면, 우리는 미래까지도 포기하는 것이 된다. 과거를 돌이켜 우리의 강점을 발견해야 한다. 그리고 조직에 생명력을 불어넣는 이러한 강점 발견이 모두의 참여와 대화를 통한 것이라면 더욱 가치 있는 일일 것이다. 이런 강점을 바탕으로 미래에 대한 그림을 그리면 우리는 자연스레 그런 모습으로 바뀌게 된다. 또한 긍정의 언어는 조직을 행복하게 변화시킨다.

이 책은 이러한 행복한 변화를 위해 최근 많은 관심을 끌고 있는 AI(Appreciative Inquiry, 긍정조직혁명)에 대하여 소개하고 있다. 아직 국내에서 충분한 사례나 경험을 갖고 있지는 못하지만, 앞으로 여러 분야에서 그 영향력이 매우 클 것으로 생각된다. 고통스럽고 힘든 변화가 아니라 행복한 변화로 모두가 윈윈(Win-Win)하길 바라며 AI를 소개하고자 한다. 익숙하지 않은 용어나 방법론적인 부분이 조금 어렵게 느껴질 수도 있지만 최대한 AI가 지향하는 바를 소개하려 한다. 이를 위해 AI의 창시자인 데이비드 쿠퍼라이더 교수 등 많은 연구가들의 사례를 참고했다. 이러한 노력이 없었다면 아마도 이 책이 나오는 것은 불가능했을 것이다. 어찌 보면, 이러한 모든 것들을 정리한 것에 다름없다고 생각한다.

하지만 쿠퍼라이더 교수가 말했듯이, AI는 누구의 전유물이 아니다. 또한 특정 사람이나 조직을 위해서만 활용되어서도 안 되는 '모든 사람의 것'이라는 점에서 위안을 얻는다. 이러한 조직변화의 새로운 기법을 통해 개인과 조직이 즐겁고 행복한 변화를 이루길 바라는 마음 간절하다.

이 책이 나오기까지 이미 많은 생각을 탄생시켰던 수많은 분들의 도움에 감사 드린다. 그리고, 이 책의 많은 부분에 대하여 좋은 피드백을 주신 분들과 도서출판 물푸레 우문식 사장님과 편집진에게도 깊은 감사를 드린다.

행복한 미래를 꿈꾸며
박상곤, 이태복

차례

3. 긍정조직혁명(AI) 프로세스

4. 도입사례들

1

어떠한 변화를
선택할 것인가?

가지 않은 길

"두 갈래 길이 숲 속으로 나 있었네.
나는 사람의 발길이 드문 길을 택했고
그것이 내 운명을 바꾸어 놓았다네."

프로스트

세상을 보는 관점

동일한 사물이나 현상을 보고서도 보는 사람마다 달리 해석하는 경우가 많다. 그 이유는 무엇일까? 그것은 그 사물이나 현상에 대한 자신의 선호도나 관심, 자신의 경험과 지식 등이 다르기 때문일 것이다. 예컨대, 돼지를 보고 화가는 그림을 그리는 대상으로 볼 것이며, 농부는 자신의 자산으로 볼 것이고, 어린아이는 아기 돼지 삼형제를 생각하게 될 것이다. 또한, 정육점 주인은 몇 근이나 팔 수 있을까에 관심을 집중하게 될 것이다. 동일한 한 마리의 돼지를 보고 사람들은 각각 다른 이미지와 생각을 가지게 된다. 이러한 생각의 프레임은 매우 중요하다. 다양성의 인정이라는 측면에서는 이러한 모든 것이 다 잘못된 것이 아니다. 보는 관점이 다른 것이다. 그러나, 관점의 차이는 세상을 보는 커다란 차이를 가져올 수 있다. 우리가 흔히 이야기하듯이, 물이 반쯤 채워진 물컵을 보고 누구는 반이나 남았다고 생각하고, 누구는 반밖에 없다고 생각하는 것은 그리 큰 문제가 될 것은 없다. 그러나, 이러한 작은 관점의 차이가 작게는 그의 일상생활에서, 나아가서는 그의 삶에 있어서 큰 영향을 미친다는 사실은 이미 여러 연구를 통해 입증된 것이다. 이처럼 우리가 생각의 렌즈를 어디에 두느냐에 따라 세상은 크게 달리 보일 수 있다는 것이다.

심리학자 수잔 피스크(Susan Fiske)는 사람들을 '인지적 구두쇠'라고 말했다. 인지적 구두쇠란 대부분의 사람들이 정보를 처리 할때 두뇌가 사용하는 많은 에너지를 되도록 절약하려는 특성을 말한다. 즉, 하나의 생각체계를 만들 때 가장 최소의 노력을 들이는 버릇을 가진 것을 일컫는다. 이것은 어떠한 측면에서는 매우 효율적일 수 있으나, 다른 관점에서는 고정관념이나 왜곡된 이해를 가져올 수 있다. 다음의 간단한 게임을 해보자.

100, 200, 300, 400, 500을 다섯 번 크게 외쳐보라.

100, 200, 300, 400, 500

그러면, 100 다음의 수는 얼마인가?

아마도 많은 사람은 200이라고 답할 것이다. 순서대로 한다면 다음 수가 될 수 있을지 모르지만 답은 101이다. 100에서 500까지를 외치는 동안 여러분의 마음은 정신적 태세(Mind set)을 형성하게 된다. 물론 이러한 정신적 태세는 때때로 일을 가장 효율적으로 처리할 수 있는 역할을 수행한다. 그러나, 정신적 태세는 때로 잘못된 판단을 하도록 이끈다. 하나의 사실에 나름대로의 패턴, 즉 정신적 태세를 형성하면 다른 면을 생각하기가 쉽지 않다.

우리가 막연하게 옳다고 생각하는 것, 또는 옳다고 믿고 싶은 것을 받아들이게 되면 좀처럼 이를 바꾸고 싶어하지 않는다. 이미 이러한 방식으로 사고나 시각의 틀을 가지기 시작했기 때문이다. 그러면, 과연 우리가 그동안 당연하게 여겨왔던 관점에 질문을 던져본다면 새로운 생각의 기회를 얻을 수 있을까?

이와 관련한 한 예를 살펴보자.

경력관리 분석가인 다니엘 핑크(Daniel Pink)는 Ted.com에서 '동기유발의 놀라운 과학'이라는 프레젠테이션을 통해 전 세계에 큰 반향을 불러 일으켰다. 그는 전통적인 보상의 개념이 우리가 생각하는 것처럼 항상 효과적이지 않다는 것을 던커(Duncker)의 촛불실험을 예로 들면서 설명한다. 던커는 압정이 들어 있는 종이상자와 성냥, 양초를 테이블 위에 놓고 촛농이 테이블 위에 떨어지지 않게 촛불을 벽에 붙이라는 실험을 하게 되는데, 많은 실험참가자들은 초 옆이나 아래에 불을 붙여 초를 녹여 벽에 붙이려고 했다. 아니면 압정으로 어떻게든 벽에 고정시켜 보려고 했다. 만약, 압정이 담긴 사각의 종이상자에서 압정을 덜어 내고 그 사각의 종이상자를 압정을 이용해 벽에 붙이고 그 안에 촛불을 세워 두었다면 이 문제는 해결되는 것이다. 그러나, 대부분의 사람들은 압정 상자를 이렇게 활용하지 못하는 기능적 고착을 경험한 것이다. 즉, 압정을 담는 종이상자를 압정을 담는 기능에만 고착시켜 그것을 초의 받침대로 활용하지 못한 것이다. 그는 이러한 창의성이 요구되는 상황에서 인센티브는 문제해결에 큰 힘을 발휘하지 못했다는 것을 글럭스버스의 또다른 촛불실험을 통해 증명한다. 이 실험결과, 인센티브를 고려하지 않은 A그룹에서의 평균적인 문제해결 시간 보다 오히려 인센티브를 내건 B그룹에서 3.5분이나 늦었다는 사실이다. 이런 유사한 결과는 많은 실험을 통해 입증되었다. 그는 인센티브 등 보상체계에서 과학이 제시하는 연구결과와 실제 비즈니스에서 일어나는 것의 괴리가 존재한다는 것을 지적한다. 당근과 채찍 등 외적인 요인에 의존한 전통적인 동기부여 방식만을 고집한다는 것은 매우 위험한 일임을 지적하고 있다. 기존의 모든 비즈니스 방식은 이러한 사상을 기초로 이루어지고 운영되고 있다. 그러나, 이것은 단순하고 명확한 작업이 가능한 20세기에나 적합한 것이라고 설명한다. 21세기에는 보상과 처벌 같은 방식의 동기부여는 효과가 없거나 때때로 역효과를 낼 수도 있다는 것이다. 보상은 업무 수행자의 시야를 좁게 만들고 이것으로 단순하고 명확한 작업을 효과적으로 수행하도록 한다. 보상은 때때로 우리가 시각을 넓게 보는 가능성을 제약한다고 말한다. 기존에는 반복적이고 규칙기반의 좌뇌에 의존하는 작업을 많이 해왔으나, 이제는 우뇌에 기반한 창의적이고 개념적인 일을 효과적으로 처리하는 것이 필요한 시대가 되었다는 것이다. 이러한 시대에 있어 기존의 보상에 대한 개념과 시각은 달라져야 한다는 것이다. 경제학자들의 연구에 의하면 이러한 상황에서 "경제적 인센티브가 오히려 전체 성과에 부정적인 영향을 미친다"는 것이었다.

그러면 어떻게 관점을 바꿔야 하는가? 내재적인 동기부여에 좀더 중점을 두어야 한다고 주장한다. 주도성, 전문성, 목적과 같은 3가지 중요한 요소가 동기부여에 보다 결정적인 영향을 미치며, 비즈니스 성과를 향상시키는 데 보다 효과적이라는 사실이다. 주도성은 우리가 삶의 방향을 결정하고 싶어하는 욕망이고, 전문성은 의미 있는 것에 좀더 잘 하자는 욕망이며, 목적은 우리 자신보다 큰 무언가를 하고 싶어하는 열망이라는 것이다. 그동안에 당연시 여기고 온통 에너지를 집중해온 '당근과 채찍'이라는 외적 보상의 관점에서 새로운 관점인 '주도성, 전문성, 목적'이라는 내적 보상의 관점을 보게 된 것이다.

그러면, 문제해결이나 성과개선에 대한 우리의 관점을 살펴 보도록 하자. 예컨대, 어떠한 사실에 대하여 성과를 개선하기 위하여 우리가 개선하고 강화해야 할 것이 무엇인가를 질문했을 때, 대부분의 사람들은 문제가 무엇인지, 부족한 것이 무엇인지, 결함요인은 무엇인지를 찾는 데 에너지를 집중하기 시작한다. 이것은 문제해결의 가장 기본적인 상식이다. 그러나, 이러한 거의 맹목적인 방법론에 이의를 제기하거나 다르게 생각해본 적이 있는가?

우리는 문제를 찾아내서 이것을 잘 해결한다면 개선을 거두고 성과를 향상시킬 수 있을 것이라는 신념과 시각을 갖고 있다. 정말 이것으로 충분할까? 이것만이 유일한 방법일까? 지금까지 너무나 당연시 여겨왔던 것들이지만 이제 새로운 것에 대한 도전을 해보는 것은 어떨까?

다음의 사례를 통해 이러한 관점의 전환이 어떻게 다른 결과를 가져올 수 있을지를 살펴보기로 한다.

사례 1 : 이직률 사례

서울의 한 대형병원은 최근 한 가지 큰 고민에 빠졌다. 그것은 바로 약 5% 정도이던 간호사의 년간 이직률이 약 20~30%까지 높아졌기 때문이었다. 간호사의 잦은 이직은 가뜩이나 부족한 인력으로 운영되고 있는 병원에 심각한 문제가 아닐 수 없었다. 경영진은 일단 이 문제를 해결하기 위한 방안을 모색하기에 이르렀다.

병원의 지원부서는 경영진과 이러한 과제를 해결하기 위하여 내부적인 워크숍을 개최하였다. 여러 가지 토론이 이루어졌다. 1차 워크숍 결과는 그동안 해왔던 것처럼 간호사들의 관리자그룹과 간호사들에 대한 일련의 설문조사와 인터뷰를 통해 데이터를 수집하고 인사파일들을 분석하고 외부의 컨설턴트를 고용하여 보고서를 내도록 하자는 것이었다. 아마도 문제에 대한 심층적인 원인들을 하나하나 세밀하게 따져 나간다면 그 원인들이 드러나게 될 것이고, 이것들을 잘 분석해 나간다면 문제를 해결할 수 있는 방법이 나올 것이라는 기대였다.

얼마 후 2차 워크숍이 열렸다. 혁신팀 김 부장은 그동안 병원의 변화에 대한 다양한 시도와 노력을 해왔지만 실제적인 성공을 거두지 못했음을 고백했다. 토의장은 찬물을 끼얹은 듯 조용해졌다. 그는 고민한 결과를 바탕으로 하나의 제안을 했다. 왜 병원에서 매년 간호사들의 20~30%가 떠나는지는 더 이상 묻지 말고, 그보다는 오히려 왜 간호사의 70~80%가 여전히 이 병원에서 근무하고 있는지에 초점을 맞추어 보자는 것이었다. 처음에는 다들 의아해했다. 어떻게 문제를 보고도 이 문제의 원인을 들춰보지 말자는 것인지 이해할 수 없었다. 김 부장은 잠시 휴식시간을 가진 뒤 다시 주장을 이어갔다. 잘못된 과거나 현상에 매달리는 것보다 새로운 시각에서 접근해보자고 말했다.

이때, 워크숍에 참석한 스폰서인 관리담당이사가 전격적으로 김 부장의 의견을 받아들였다. 워크숍에서 돌아온 후 그들은 향후 진행할 계획을 세우고 곧바로 실행에 들어갔다. 그 방법은 약 300명의 간호사들에게 직장에서 겪은 최고의 경험들을 이야기로 만들어 서로 나누게 하는 것이었다. 단, 과거의 나쁜 기억, 부정적인 경험 등은 절대 말하지 말아야 한다는 규칙을 정했다. 참가자들은 병원에서 최상으로 능력을 발휘하고 신바람 나게 일을 할 수 있는 최적의 조건이 무엇인지를 찾아내기 시작했다. 이러한 과정을 거친 뒤 경영진과 주관부서는 지원 방안들을 생각해 최적의 조건을 제공하기 위해 모든 에너지를 쏟기 시작했다.

결과는 성공이었다. 첫해에 간호사 이직률이 30% 이상 감소했을 뿐만 아니라 소통이 좋아지고 환자 만족도도 올라갔다.

사례 2 : 성희롱 사례

이 회사에서는 얼마 전 성희롱문제 때문에 회사가 발칵 뒤집혀지는 일이 있었다. 그동안 성희롱 교육에 많은 노력과 돈을 투자했음에도 불구하고 발생한 이 문제로 인해 모든 노력들이 물거품이 된 것이다. 또한 남녀 성별 불평등에 관한 문제가 끊임없이 제기되어 왔었다. 이번 사건을 계기로 이 문제가 다시 수면 위로 올라왔다. 회사에서는 이 문제를 근원적으로 해결하기 위한 대책팀을 구성했다.

대책팀은 각 부서에서 우수한 인력으로 선발된 5명으로 구성되었다. 그들은 성희롱과 남녀 불평등에 대한 문제를 어떻게 접근하여 풀어 나갈 것인지를 토론하고 협의했다. 그들은 과연 이러한 상황에서 어떤 질문을 던지는 것이 바람직할 것인지에 대하여 생각했다. 그들은 다음과 같은 전형적인 질문을 던졌다.

"우리가 성차별 남성들의 태도에 대해 무엇을 할 수 있을까? 여자들이 언제 성희롱을 경험하게 되는가? 누가 하고 있는가? 어디에서? 언제? 그러면, 우리가 어떠한 성희롱 정책을 마련해야 하는가? 왜 여성은 승진할 수 없는가? 이것에는 어떤 장벽이 있으며, 어떻게 우리가 그것을 제거할 수 있는가?"

그런데, 그들은 이러한 질문이 과연 안고 있는 문제를 근본적으로 해결해줄 수 있는지에 대해 좀더 심도 있게 토론하길 원했다. 그 결과 이런 질문들은 오히려 부정적인 성별 역할, 비난과 장벽에 대한 인식의 확인, 한계점, 도덕적 비난 등이 난무한 형태로 문제를 들추는 데 초점을 맞추고 에너지를 사용하게 될 것임을 깨닫게 되었다. 결국 이 회사는 다른 접근법을 찾기로 결정했다.

새로운 접근법이란 문제를 바라보고 해결하는 관점을 바꿔 다음과 같이 질문하는 것이었다.

"회사에서 남성과 여성이 함께 성공적으로 일을 수행해본 경험이 있는가? 서로 간에 공감대를 형성하고 자유롭게 토론하며, 협력적이며 가치 있고 생산적으로 일을 한 경험이 있는가? 그것은 어떤 상황이었는가? 우리가 어떻게 하면 여성과 남성이 함께 일할 수 있는 좋은 경험을 갖도록 할 수 있을까?"

이 질문을 통해 이 문제를 좀더 긍정적인 방향으로 이끌어갈 수 있었다. 방향을 제시해주었고, 모든 에너지를 좋은 경험을 만들어낼 수 있는 것에 집중하도록 했다. 기존의 방식으로 접근했다면, 아마도 '비난 게임'이나 해결될 수 없는 소모적인 논쟁으로 이어지고 말았을 것이다. 누구의 책임인지, 누가 해결할 수 있는지에 대한 논쟁이 끊이지 않았을 것이다. 성희롱 교육을 위해 예산은 늘어났을 것이고, 많은 교육참가자들은 으레 하는 식상한 교육에 관심을 갖지 않았을 것이다.

긍정적인 질문으로 시작된 이 프로젝트는 성공적이었다. 남녀 간의 활발한 교류는 물론 서로가 어울려 즐겁게 일할 수 있는 문화를 만들어갔다. 마침내 이 회사는 '여성이 일하기 가장 좋은 기업'으로 선정되었다.

변화의 두 가지 방법

어떤 이슈나 문제가 발생하면 이를 해결하려는 관점은 두 가지가 있다. '결함 찾기식 방법'과 '강점 중심의 방법'이다.

'결함 찾기식 방법'은 전통적인 문제해결 접근법으로, "어떤 문제가 있는 거지? 무엇이 잘못된 거지?"를 물으며 '문제'나 '결함'에서 문제에 대한 해결책을 찾는다.

이와는 대조적으로 '강점 중심의 방법'은 강점과 가치를 찾아 나가는 접근법이다. "무엇이 잘 이루어지고 있지? 최선은 무엇이지?"를 질문하고, '최상의 경험', '우수 사례', '우수한 삶의 질' 등을 기반으로 새로운 꿈과 미래를 만들어 간다.

'결함 찾기식 방법'은 우리에게 아주 익숙하다. 우리는 자신도 모르게 이 방법을 사용하곤 한다. 이제 이런 태도를 한번 돌아볼 때다. 여전히 과거에 해왔던 대로 문제를 끝없이 들춰내고 그 문제의 원인을 분석하기 위해 매달리고 있는가? 실행력도 없어 보이는 개선방안을 만들어서 어떤 때에는 억지로 짜 맞추어서 최선의 대안인 양 스스로를 위로하고 있지는 않은가?

때때로 이러한 '결함 찾기 방식'의 접근법이 필요하지만 방향을 바꾸어 생각해볼 필요가 있다. 문제나 결함에만 집중하는 것이 아니라 긍정적인 관점에서 문제를 바라보고 강점의 측면에서 바람직한 모습들을 꿈꾸어 나가는 것이다. 문제에서 다시 문제를 만들어내는 데 모든 에너지를 소모하지 말고 보다 나은 가치를 창출하고 꿈을 그려 나가는 데 에너지를 집중해보자는 것이다.

위의 사례에서 보는 것처럼, 문제의 상황을 바라보고 변화하는 두 가지 방법이 있다. 과연 우리는 문제의 상황을 어떻게 바라보고 있는가?

2

긍정조직혁명(AI)이란
무엇인가?

"인생의 진정한 비극은 우리가 충분한 강점을
갖고 있지 않다는 데에 있지 않고,
오히려 갖고 있는 강점을
충분히 활용하지 못한다는 데에 있다."

벤자민 프랭클린

시각의 전환

하나의 시나리오를 보자. 정부가 한 지역사회의 열악한 상황을 개선하고 새로운 변화를 위해 프로그램을 추진했다. 그런데 이 프로그램으로 인해 예산은 해마다 증가하고 있는데 반해 결과는 제자리걸음을 하고 있었다. 가시적인 성과나 진전을 어느 곳에서도 발견할 수 없었다. 이러한 문제상황을 해결하기 위해 앞에서 언급했던 2가지 방식에 대한 실험이 이루어졌다.

X팀은 일반적으로 사용된 '결함중심' 접근 방식으로 문제를 발견하는 데 초점을 맞추었다. Y팀은 희망과 꿈을 강조하고, 어떻게 서로의 재능과 자신의 꿈을 지역사회에서 펼칠 수 있을까에 초점을 두었다. 다음은 각 팀이 수행한 핵심적인 활동들이다.

X팀의 활동

첫째, 각 구성원에게 현재 지역사회가 직면하고 있는 문제를 3~5개 정도로 찾아내어 쓰도록 했다. 이때 누구와도 의논하지 말도록 요청했다.

둘째, 그룹에 있는 멤버들과 함께 자신이 적은 문제의 목록을 다시 한 번 확인하도록 했다. 일단 서로 준비한 목록을 공유하고 다양한 문제들을 간단하게 토론했다. 이것은 현재의 상태가 어떤지 나누게 하는 것이다.

셋째, 그 다음 만들어진 목록 중 지역사회가 직면하고 있는 가장 시급한 문제가 무엇인지 다수결로 3개를 뽑았다.

넷째, 다음으로 문제의 원인을 찾아내는 데 노력했다.

다섯째, 가장 중요한 문제인 3가지 사항에 대한 해결책을 토론했고, 그 결과를 액션 플랜 형태로 정리했다.

Y팀의 활동

첫째, 발견 단계 : 이 지역사회에서 구성원들이 느낀 최상의 경험, 우수한 사례, 최고의 순간 등을 생각해내도록 했다. 이 지역사회에서의 가장 효과적인 상태에서의 경험, 작은 성취의 느낌, 행복감 등을 허심탄회하게 나누었다. 아주 작은 부분이라도 충분한 이야기가 이루어지도록 했다. 다음으로 무엇이 그러한 성공을 가능하게 만든 조건이었는지에 대해 토론했다.

둘째, 꿈의 단계 : 지역사회에서 무엇이 이루어질 수 있는지를 마음속에 그리도록 했다. 구성원으로서 지역사회의 과거 혹은 현재의 가치 있는 성취들에 근거하여 지역사회를 위해 가지고 있는 꿈이 무엇인지를 생각했다.

셋째, 설계 단계 : 이전 단계에서 그린 꿈을 만들고 실행하기 위한 전략에 대하여 생각했다. 지역사회의 미래의 비전과 꿈을 달성하기 위하여 무엇이 필요한지를 집중적으로 파악했다. 또한 그것을 위해 무엇을 강화할 필요가 있는지를 생각했다.

넷째, 실행 단계 : 마지막으로 이를 바탕으로 구체적인 실천계획을 수립했다. 꿈을 행동으로 옮기기 위해 구체적으로 어떤 단계의 작업을 해야 하는지를 찾아내려고 했다. 어떤 노력과 혁신, 실험이 꿈을 달성해 나가는 데 필요한지를 하나하나 확인해 나갔다.

문제중심 접근법의 한계

우리는 변화에 대하여 '결함 찾기식' 또는 '결함기반' 문제해결 방식에 익숙해 있다. 이러한 접근법은 많은 경험으로부터 의심 없이 받아들여진다. 그러나 이러한 고정관념은 다음과 같은 문제를 만들어내고 있다.

- 상황이 철저하게 분석되기 전이나 모든 절차가 수행되기 전까지는 그 결과를 파악하는 것이 어렵거나 매우 느리다.
- 지나치게 문제의 발견과 파악에 치중한 나머지 혁신적이고, 창의적인 시각을 고려하지 못한다.
- 참여자는 문제 도출 시 이에 대한 비난과 벌이 두려워 방어적인 태도를 취하게 된다.
- 문제가 기밀로 다루어질 필요성이 있다고 판단하는 사안에 대하여 많은 참

여자를 배제시키게 되며, 문제에 대한 충분한 이해와 토론이 어렵게 된다.

- 이슈에만 매달리고 이해관계자들 간의 반대되는 의견으로 참여자를 힘 빠지 게 만든다.

- 문제의 해결책에 도달한다고 하더라도 관심을 받지 못하게 되는 경우도 있 을 수 있고, 때때로 더 많은 문제를 불러일으키기도 한다.

- 모든 사안을 부정적인 것으로 보는 태도를 갖게 한다.

- 문제가 모든 조직이나 공동체에 있어서 보편적인 것으로 인식하고 정상적 인 조직이라면 당연히 있어야 하는 것으로 생각하는 자기충족적 예언(Self-fulfilling prophecy, 피그말리온 효과)에 빠지게 한다.

- 스스로 자존감을 낮추게 되며, 과거와 현재의 상황에서 문제가 있는 부분만 을 기억하고 이를 상기시키기 위한 언어의 사용을 빈번히 하게 된다.

결함기반 문제해결 접근법은 자칫 구성원에게 문제를 위한 문제를 만들게 하는 함정에 빠지거나, 사안을 바라보는 데 있어 극히 제한된 시야를 제공하여 새로운 시야를 갖는 데 한계를 제공한다는 점이다. 뿐만 아니라 변화와 혁신 그리고 미래에 대한 피로감을 누적시키는 결 과를 초래하고 만다. 또한 문제를 제기한 사람이 문제를 해결해야 하 는 부담감과 더불어 자칫 그러한 문제로 인하여 자신이 다칠 수 있다 는 생각에 보수적이고 수동적인 태도를 갖게 한다.

왜 문제, 결함, 약점에 집중하는가?

우리가 문제, 결함, 약점 등에 집중하는 이유는 우선 그동안 우리의 모든 사고체계와 모델이 이와 동일한 형태로 맞추어져 있기 때문이다.

우리는 문제를 발견하고 분석하는 데 모든 역량을 집중해왔고, 문제의 원인을 쪼개고 또 쪼개는 데 집중해왔다. 만약 문제나 약점 부분을 빨리 찾아 개선하지 않으면 실패나 탈락의 위험성을 크게 느끼기 때문이다.

다음으로, '모든 것을 잘 하는 것이 능력 있는 것'이라고 보는 능력관이다. 그러다 보니, 전체 중에서 가장 잘못하거나 부족한 것이 무엇인지에 집중하게 된다. 그것만 고치면 모든 것이 완벽하게 될 수 있을 것이라는 믿음 때문이다.

또한, 우리는 현실에서 강점을 알면서도 부족한 부분에만 목숨 걸다가 자칫 강점이 아니었거나 작은 실패라도 할 경우 모든 것이 무너진다는 현실적인 계산을 하게 된다. 그러한 두려움이 문제다. 두려움은 약점에 초점이 맞춰지기 때문이다.

마지막으로 남들의 평가에 대한 의식이다. 우리는 형식주의에 얽매여 있는 경우가 많다. 혹시라도 내가 잘못해서 평가의 대상이 된다는 것에 대한 두려움이 있다.

그러나, 이러한 약점이나 문제를 해결한다고 해도 그것이 미래의 번

영과 성공을 보장해주지는 못한다는 것이다. 모든 에너지를 이러한 약점과 문제에 쏟아 붓고 정작 해야 할 일들을 못하는 우를 범할 수 있다. 여러 심리적인 어려움에도 불구하고 우리는 과감히 강점을 강화시키는 데 에너지를 좀 더 써야 한다. 새로운 사고의 모델이 필요하다는 점을 냉정히 인식할 필요가 있다.

이렇듯 과거의 문제해결지향적 접근법이 한계를 드러내고 있다고 하더라도, 긍정과 강점기반(AI) 접근법이 문제를 무시하는 것이 아님을 이해해야 한다.

오히려 문제를 완벽하게 다른 관점에서 접근해보는 것이다. 문제의 시각을 달리 보는 것이다. 실제로 잘 수행된 AI의 결과는 정확히 훌륭한 문제해결 결과와 유사하게 보인다. 다만, 대개 결함 기반의 문제해결 접근법이 문제와 이슈의 발견에 집중하여 모든 에너지를 쏟는 것과는 달리, 과정에서 구성원의 참여도를 높이고 에너지를 긍정적인 비전이나 좋은 과거의 경험 등에 집중시킴으로써 조직 전체의 가치를 높이는 것에 중점을 둔다는 점이다. 이러한 과정에서 그 누구도 생각하지 못했던 참신한 아이디어나 새로운 시각을 얻게 되는 경우가 많다.

강점을 보는 접근법의 힘

모든 조직은 스스로를 돌아보고 성장하기를 기대하고 있다. 이러한 목적에 도달하기 위해서 이제까지는 '약점을 해결하는 데 집중하기', '조직구성원들의 문제점 찾아내기', '교정하기 위해 노력하기'와 같은 전통적인 지혜에 의존해왔다. 그러나 이러한 접근법은 불행하게도 소기의 성과를 거두는 데 어려움이 있었다. 마커스 버킹엄(Marcus Buckingham)과 도널드 클리프턴(Donald O. Clifton)은 그들의 저서 《위대한 나의 발견 강점 혁명》에서 대부분의 성공한 사람들은 자신의 단점을 고치기 위해 시간과 노력을 20% 정도 사용한다면, 나머지 80%는 장점을 강화하는 데 사용한다고 말한다. 마커스 버킹엄은 20여 년간 성공한 사람들을 만나 인터뷰를 한 결과, 단순하지만 혁명적인 진실을 얻는 데 도달했다고 한다. 그것은 성공한 사람들은 모두 약점의 지배에서 벗어나 강점을 재발견하는 데 자신의 모든 것을 쏟았다는 것이다. 여기서 강점이라는 것은 단순히 잘 하는 것이 아니라 '일을 생각하는 순간, 고갈되었던 열정이 충전되고 힘차게 나갈 수 있는 에너지가 차오르는 것'이라고 말한다. 단점들은 구멍이 나지 않을 정도로 평균을 맞춰놓고, 강점을 위해서 노력하면 결국 아무도 따라올 수 없는 최강자가 될 수 있다. 약점의 발견과 해결에 초점을 맞추는 것은 거의 실수였다는 사실을 많은 연구결과가 입증해주고 있다. 강점에 기반을 두는 접근법을 사용하지 않은 경우, 직장에서 일상적으로 일어나는 모든 활동에서 비효율적이고, 협력과 학습이 덜 일어나며, 자신의 역할을 충실히 수행하는 데 어려움을 겪고 있다는 것이 드러났다.

아마도 일을 하는 데 있어서 자신의 강점을 잘 활용할 수 없는 사람들은 일할 때 싫증을 내며, 다른 동료들과의 긍정적인 상호작용보다는 부정적인 상호작용에 더욱 의존하고 있다. 또한 고객에게 충실하게 대

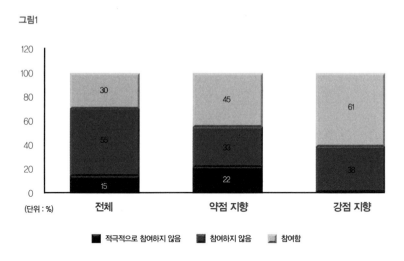

그림1

120
100
80
60
40
20
0
(단위 : %)

전체 · 30 · 55 · 15
약점 지향 · 45 · 33 · 22
강점 지향 · 61 · 38

■ 적극적으로 참여하지 않음   ■ 참여하지 않음   ▨ 참여함

응하지 못할뿐더러 주위 사람들에게 조직에 대한 불평과 불만을 터뜨리는 모습을 보여왔다는 것이다.

다음은 갤럽에서 1,003명의 직원을 대상으로 조사한 결과다. 조사에서 '나의 매니저는 나의 약점 또는 부정적인 특성에 초점을 맞춘다'와 '나의 매니저는 나의 강점 또는 긍정적인 특성에 초점을 맞춘다'라는 설문에 응답한 결과와 조직의 참여도를 분석한 결과다.

매니저의 초점이 어디에 있는가? (그림1)

자신의 매니저가 자신의 약점에 초점을 맞추고 있다고 응답한 사람들의 경우, 이들의 22% 이상은 업무에 적극적으로 참여하고 있지 않다고 응답했다. 이에 비해 자신의 매니저가 강점에 관심을 갖고 있다고 응답한 사람들은 단지 1%만 적극적으로 참여하지 않는다고 답했고,

그림2

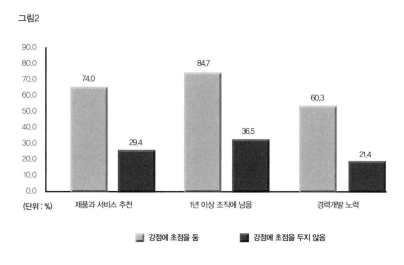

90.0
80.0   84.7
70.0
74.0
60.0   60.3
50.0
40.0   36.5
30.0   29.4
20.0   21.4
10.0
0.0
(단위 : %)   제품과 서비스 추천   1년 이상 조직에 남음   경력개발 노력

☐ 강점에 초점을 둠   ■ 강점에 초점을 두지 않음

61%가 적극적으로 업무에 몰입하는 것으로 나타났다.

강점에 초점을 둔 경우 충성도(Loyalty) 효과는 어떠한가? (그림2)

자신의 일에서 강점에 초점을 맞출 수 있었다고 느끼는 직원들은 그렇지 않은 직원들에 비해 좀더 자기 조직의 제품과 서비스를 추천하는데 노력을 기울이고 조직에 자부심을 가지며, 오래 조직에 머물러 있기를 원하고 경력개발에 더욱 노력을 기울이는 것으로 나타났다.

조직의 탁월성을 연구한 많은 결과들은 긍정적인 질문을 던지는 것이 차이, 약점, 한계점을 부각시키는 것보다 훨씬 강한 힘이 있음을 확인시켜 준다.

새로운 조직개발 패러다임은 리더십을 공유하고, 참여와 혁신의 문화를 촉진하며 긍정적인 이미지를 강화시키는 것이다. 이는 기존의 전통적인 접근법을 대체해 가고 있다. 마틴 셀리그만과 같은 긍정심리학자들은 행동에 대한 긍정적 정서의 강력한 힘과 효과에 대해 강조하고 있다. AI는 이러한 관점을 포함해 진정으로 조직과 시스템 내에서 모든 것들이 잘 작동되도록 하기 위해서 바라보아야 할 것들이 무엇인지를 심도 있게 고민한 결과라고 말할 수 있다.

AI의 등장 배경

1980년대, 케이스 웨스턴 리저브(Case Western Reserve) 대학의 데이비드 쿠퍼라이더(David L. Cooperrider)는 조직 내에서 문제가 있는 것은 무엇인지, 잘 안 되고 있는 것이 무엇인지에 대해 인터뷰나 조사를 하는 것이 오히려 조직에 부정적인 결과를 초래할 수 있다는 사실을 발견했다. 그는 똑같은 조직을 인터뷰하기 위해 두 팀을 구성했다. 한 팀은 문제를 발견하고 지적하는 전통적인 문제해결 방식을 사용하도록 했고, 다른 한 팀은 잘 되어 가고 있는 것은 무엇인지, 조직에서 모범적 역할을 수행하고 있는 사람은 누구인지, 그 밖에 다른 긍정적인 질문들을 던지도록 했다.

인터뷰 후 데이터를 수집하여 분석한 결과를 읽은 후 믿을 수 없는 일이 벌어졌다. 같은 조직으로부터 받은 데이터였지만 너무나 다른 결과를 나타냈기 때문이다. 부정적인 질문, 즉 문제중심의 질문을 한 팀은 조직에 매우 부정적인 생각을 가지고 있었고, 긍정적인 질문을 한 팀은 매우 긍정적으로 조직을 바라보고 있다는 사실이었다. 문제에 대한 질문은 결국 인터뷰하는 사람들에게 문제의 마인드 셋을 형성시켰으며, 반대로 긍정적인 질문은 인터뷰한 사람들에게 긍정적인 마인드 셋을 정립시켰다는 것이었다. 이러한 질문의 방식이 조직을 바라보는 시각과 분위기를 완전히 바꾸어놓았던 것이다.

이것이 바로 쿠퍼라이더 박사가 AI(Appreciative Inquiry)라는 프레임워크를 연구하기 시작한 계기가 되었다. 그의 연구 결과는 '긍정적 이미지, 긍정적 행동'이라는 논문을 통해 보고되었다. 그는 어떠한 대상이나 사안에 대한 이미지가 어떻게 우리의 삶과 문화 그리고 조직에 영향을 미치게 되는지를 연구했다. AI의 기본적인 이론적 배경은 희망, 꿈, 신념 등과 같은 기대감이 우리의 모든 것을 만든다는 것에 기초를 두고 있다는 점이다. 우리가 기대하고 희망하고 꿈꾸는 것이 어느 정도로 긍정적인지에 따라서 인간의 시스템이 긍정적인 방향으로 전환될 것이라는 신념에 근거하고 있다.

쿠퍼라이더는 '이미지화의 힘(The power of imagery)'을 다음과 같은 다양한 이론적 배경에 기초하여 제시해주고 있다.

첫째, 기대도에 따라 결과가 달라진다
피그말리온 효과(Pygmalion effect)란 교육심리학에서 제시된 심리적 행동이론의 하나로 교사의 기대에 따라 학습자의 성적이 향상되는 것을 말한다. 이는 무언가에 대한 사람의 믿음, 기대, 예측이 실제적으로 일어나는 경향을 말하는데, 1964년 미국의 교육심리학자 로버트 로젠탈에 의해 실험되었다. 원래는 그 전년에 로젠탈과 포드가 대학에서 심리학 실험으로 학생들에게 쥐를 통한 미로찾기 실험을 시켰다. 그 결과 쥐가 미로를 잘 빠져 나오는 그룹과 그렇지 못한 그룹, 두 그룹 간 실험결과의 차이를 찾을 수 있었다. 전자는 학생들이 쥐를 정성을 다해 키운 반면, 후자는 쥐를 홀대했다. 이는 쥐에 거는 기대도에 따라 다른 결과가 나온다고 로젠탈은 생각했다.

둘째, 긍정의 이미지가 부정의 이미지보다 커야 한다

로버트 슈와르츠(Robert Schwart) 교수는 우리 모두는 지속적으로 내적인 목소리를 듣고 있으며 긍정적이거나 두려운 이미지를 투사하고 있다고 한다. 건강하지 못한 사람은 긍정 대 부정의 이미지 비율이 1:1이지만, 행복한 사람들은 긍정 대 부정의 이미지가 1.7:1을 형성하고 있다고 말한다.

셋째, 문화에 의해 형성된 이미지는 커다란 영향력을 갖게 된다

선과 악과 같은 윤리적 가치는 거의 힘을 갖지 못하는 반면, 이러한 가치가 이미지로 나타난다면 엄청난 영향력을 가지게 된다. 예컨대, 선은 '성 조지(st. George)'이고 악은 '용(Dragon)'이라는 이미지를 가지고 있다면 그 파급효과는 커진다는 것이다. 이미지는 가치를 살아 움직이

게 만드는 힘을 가지고 있다. 긍정적 이미지는 낙관주의, 좋은영향력의 상황에서 나타나며, 이미지를 이끄는 힘은 단지 인지적이고 지적인 것보다는 감정적이고 영적인 부분이 더 크게 작용한다. 이와 같이 문화의 잠재적인 힘은 미래의 이미지에 대한 에너지, 신념 등에 의해 나타날 수 있다.

지난 30년간의 심리학 연구가 우울증, 신경증, 과민증, 정신질환 등 부정적 주제에 관한 것이 45,000개였고, 기쁨, 희망, 행복 등 긍정적 주제에 관한 것이 300개에 불과했다는 사실은 긍정보다는 문제와 부정적인 측면에 얼마나 몰입해왔는지를 단적으로 보여준다.

우리는 우리의 삶을 부정적인 것이 아니라 긍정적인 것으로 바라보고, 끊임없는 의지를 가지고 나아갈 때 가치를 높일 수 있다는 것을 이상의 여러 가지 연구결과를 통해 살펴볼 수 있다.

AI란 무엇인가?

AI는 조직의 강점만을 기반으로 한 조직역량강화 모델로 이상적인 미래 이미지를 통하여 변화를 추구한다. 최근 일류기업들은 "우리가 무엇을 정말 잘 하는가?" 또는 "우리를 진실로 특별하게 하는 것은 무엇인가?", "무엇이 과거에 우리에게 영감을 주고 성공을 가져다 주었는지, 무엇이 미래에도 지속적으로 가치를 창출하고 영감을 주며 에너지를 불어넣어 줄 수 있는가?" 등과 같은 긍정적 질문을 하는 것에서 조직변화를 추구하고자 노력하고 있다. 조직의 문제점을 찾는다고 조직이 개선되는 것이 아니라, 강점을 찾아 강화하는 것이 조직 개선에 더 도움이 될 수 있다고 보는 것이다. 2000년대에 들어오면서 맥도널드, BP 아모코 등 글로벌 선진기업들에서 적극적으로 적용하고 있다.

AI는 문제를 해결하기 위해 이슈를 들춰내는 것에 집중하기보다는 최선의 상태일 때 어떠한 일이 일어났는지, 그때의 경험은 무엇이었는지를 돌아보고 이로부터 배우고 나누고 미래를 설계하는 것이다. 이것들을 긍정적인 변화를 위해 어떻게 효과적으로 활용할 수 있는지를 생각해보는 것이다.

AI에 깔려 있는 기본사상 중 하나는 항상 언제나 문제가 발생하고 있다고 보는 것이 아니라 모든 조직과 집단에서 무엇인가는 잘 기능하고 잘 돌아가고 있다는 것이다. 대부분의 조직이나 집단, 심지어 개인조차도 그들의 성공에 기여할 수 있는 요소들이 무엇인지를 지속적으로 탐구해 나가고 이를 통해 변화를 이루어가고자 한다는 것이다.

AI는 프로세스이자 철학이라고 할 수 있다. 프로세스의 측면에서 보면, AI는 조직과 함께 많은 절차와 단계와 사이클을 가지고 이루어진다. 철학의 측면에서 보면, AI는 조직의 모든 사람들로부터의 다양한 목소리를 모으고 그들이 참여 하고 협력하도록 하는 것이다. AI는 단순히 계량적인 결과만을 중시하는 것이 아니라 조직구성원들의 참여과정을 통하여 변화를 촉진해 나간다. 누구든지 참여를 하게 되면 더욱 자신의 일에 몰입하고 자신의 것으로 받아들이려 하기 때문이다.

그럼, 이러한 AI를 어떻게 정의하면 될까?

AI는 'Appreciative'와 'Inquiry'의 두 단어로 이루어져 있다. 각각의 의미를 살펴보면 다음과 같다:

- Appreciate : 가치를 제공 또는 증가시키는 것, 우리를 둘러싼 사람들 또는 세계에 있어서 가장 좋은 것을 인식하는 기술, 과거와 현재의 강점, 성공, 잠재력 등을 인식하는 것, 삶에 중요한 가치들(건강, 활력, 우수성 등)을 인식하는 것, 긍정적으로 이러한 가치들을 받아들이는 것.

- Inquiry : 발견, 탐색, 조사, 연구를 수행하는 행위. 새로운 잠재성이나 가능성을 찾도록 개방적으로 질문을 수행하는 것.

AI개념의 창시자인 쿠퍼라이더는 "AI는 사람들 안에, 그들의 조직 안에 그리고 그들을 둘러싸고 있는 세계 안에 존재하는 최고와 최선의 것을 찾기 위한 상호협력적이고 상호발전적인 탐구다. 경제적, 생태적, 인간적 측면에서 한 조직이나 공동체가 가장 효과적으로 역량을 잘 발휘했던 때 그 조직 혹은 공동체에 생명력을 불어넣었던 것들에 대해 체계적으로 탐색하고 발견해 가는 것을 의미한다"라고 말한다.

AI는 긍정적인 관점에서 강점, 경험, 희망 등을 바라보게 함으로써 사람들이 사고하는 방식과 조직변화에 대한 접근방식을 변화시켜 준다. 과거, 현재, 미래의 시간 축에서 항상 긍정을 통해 잠재력과 희망을 바라보도록 한다.

여기서 '긍정(Affirmative)'은 현상을 긍정적 관점에서 인식하는 것을 의미하며, 한 단계 더 나아가면 '긍정(Positive)'의 개념으로 발전하는데, 이는 단순히 인식하는 단계를 넘어서 긍정 속에서 강점과 새로운 가치를 발견해 내려고 노력하고 이를 활용하고자 하는 보다 능동적인 행동이 포함된다. AI에서 말하는 '긍정(Appreciative)'은 조직차원으로 확대되어 조직 내에 참여와 변화가 일어나고, 이를 통해 새로운 가치들을 창출해내는 것을 말한다. 이러한 측면에서 AI는 단순한 긍정심리학의 관점 이상의 의미를 갖는다.

AI는 조직의 경험적 강점을 탐색하고 이를 기반으로 한 조직역량을 강화하는 프로세스이며, 조직구성원 모두가 공유하는 이상적 이미지를 통하여 변화를 추구하는 일련의 조직역량강화의 과정이라고 말할 수 있다. 그 과정에서 모든 이해관계자들이 조직이 추구하는 최고의 가치와 잠재력을 끌어내기 위해 함께 대화하고 참여하는 상호협력적 역량강화 프로세스이자, 효과적 솔루션을 찾아가는 프로세스이면서 동시에 조직변화 자체라고 말할 수 있다.

AI는 태도와 사고 패턴에 있어서 '바다와 같은 변화(Sea change)'라고 불리기 때문에 조직의 문제를 해결하는 기술이나 방법론 그 이상을 의미한다. 개념적으로는 조직이 지속적인 학습, 성장, 변화 등에 참여할 것을 요구한다. 긍정에 기반을 두고 참여와 대화를 통해 구성원들이 조직에서 경험한 '최고의 순간들'에 대해 반추하고, 이를 통해 조직에 생명력을 불러일으키게 하는 작업이다. 과거와 현재의 강점을 기반으로 미래의 희망과 비전을 바라보는 것이다.

AI의 본질적인 가정은 보다 좋은 것, 가능성, 진실성, 우수성에 대한 탐색이 좀더 빠르고 민주적이며 에너지가 충만한 변화로 이끌어낼 수 있다는 것이다. 또한 조직은 우리가 연구하고 우리가 질문하는 방향으로 움직인다는 것이다. "즐거움, 영감, 희망은 우리를 어디로 이끌고 있는가?", "낮은 도덕성, 실망감, 문제들은 우리를 어디로 이끌고 있는가?" 사소한 것처럼 보이지만 이 두 가지 질문의 선택은 조직 내 변화의 많은 부분을 좌우한다. AI는 강점의 탐색과 연계를 강조하며, 질문을 통해 우리의 깊숙한 곳에 위치한 강점과 가능성을 드러내며, 우리의 태도와 행동과 에너지를 긍정적인 것으로 집중시킨다. 그리고 이러한 모든 과정에 참여와 몰입을 강조한다. 이를 통해 얻은 미래의 모습은 참여자 모두가 공유한다.

이러한 측면을 고려할 때, AI가 추구하는 가치는 성취, 자산, 잠재력, 가능성, 강점, 기회, 벤치마크, 살아 있는 가치, 전략적 역량, 이야기, 경험, 우수성, 지혜, 통찰력, 참여, 공유, 비전, 에너지 등을 포함한다.

AI의 사상

AI는 다음과 같이 세계를 바라보는 나름대로의 시각에 기초하고 있으며, 이는 AI의 사상적 뿌리를 만들고 있다.

첫째, 모든 사회, 조직, 집단은 잘 운영되고 있는 측면이 더 크다.

우리는 대부분의 경우 "어디가 고장이 났나? 어디에 문제가 있나?"와 같이 문제에 집중하는 경향이 크다. 이러다 보니 그 반대편의 것들에는 관심을 두지 않는다. 그러나 조금만 눈을 돌리면 또 다른 가치를 발견할 수 있다. 예컨대, 우리의 강점, 성공 스토리, 성취 등을 찾아낼 수 있다. 이러한 것들은 때로 우리를 흥분시키고 새롭게 해보려는 마음과 행동을 불러일으킨다. 무엇이 성공과 성취에 기여하고 있는가? 이 질문에 대한 탐색은 새로운 기회와 희망과 잠재력을 발견하도록 독려해준다.

둘째, 우리가 초점을 맞추는 것이 우리의 현실이 된다.

우리가 부정적인 것에 초점을 맞추면 모든 것이 그 관점에서 정의된다. 행동과 에너지가 이곳에 집중하게 된다. 그 결과는 결국 현실이 된다. 우리의 경험, 관점이 현실을 만들어내는 것이다. 부정적인 것에 몰두하면 현실도 이를 따르게 된다. 그러나, 긍정적인 것에 초점을 맞추면 상황은 달라진다. 현실의 가치는 희망, 가능성, 잠재성, 강점, 우수성 등에 모아지고 에너지도 여기에 집중된다. 우리의 현실은 우리의 선택에 달려 있다.

셋째, 조직이나 집단에 대하여 질문을 던지는 것이 그들의 방향에 영향을 미친다.

질문하는 것과 변화는 동시에 일어난다. 분석을 먼저하고 그 결과에 따라 변화를 위한 의사결정을 하는 것이 아니다. 질문은 그 자체로 변화를 일으키며, 에너지를 집중시키고 방향을 결정해준다. 그러므로, 질문은 매우 중요하게 여겨지며, 그 질문은 항상 긍정의 철학을 밑바탕에 두고 있어야 한다. 부정적인 질문과 나쁜 기억을 들춰내고 누군가를 징계하기 위한 질문은 조직에 악영향을 미친다. 조직은 위축되고 부정적 사고가 순식간에 전염되며, 사기는 떨어진다. 긍정적 가치로 질문을 던지면 조직은 미래와 희망을 꿈꾼다. 이러한 과정에서 새로운 가능성과 도전을 발견한다.

넷째, 우리가 과거를 생각한다면, 과거의 가장 좋은 것에 대한 것이어야 한다.

과거에 대하여 우리가 무슨 스토리를 말할 수 있을까? 우리가 기억하는 어떤 이벤트가 있는가? 우리의 조직은 우리가 실패한 것보다 더 많은 성공 스토리와 성취들을 포함하고 있다. 그럼에도 불구하고 왜 우리는 이러한 좋은 것들을 미래를 위해 가져가려 하지 않는가? 조직 구성원들이 그들의 과거 좋은 경험과 성취들을 서로 충분히 토론하고 공유하고 그 속에서 학습할 수 있도록 촉진하는 것은 매우 중요하다.

과거의 성공체험과 강점을 통해서 미래를 바라보도록 해야 한다. 과거를 돌아본다면 가장 좋은 것을 찾는 데 에너지를 집중해야 한다. 그것만이 미래의 자양분이 된다.

다섯째, 차이에 가치를 두는 것은 중요하다.

협력적 프로세스는 단 하나의 정답을 강요하지 않는다. 창의적인 협력 프로세스는 차이를 수용하고 존중하는 방법을 발견하게 해준다. 다양한 사람들을 참여시키는 것은 매우 중요하다. 다양성과 차이의 인정이 보다 많은 경험과 성과와 강점을 공유할 수 있도록 해주기 때문이다.

AI의 5가지 기본 원리

AI가 조직의 변화를 성공적으로 이끌어낼 수 있는 것은 다음과 같은 원리에 철저히 기반을 두고 있기 때문이다. 이를 보통 'AI의 원리'라고 일컬으며, AI 실행의 모든 프로세스에 영향을 주고 있다.

제1 원리 : 구성주의자의 원리 – "참여와 대화가 변화를 촉발한다."

구성주의(Constructivism)는 인간이 자신의 경험으로부터 지식과 의미를 구성해낸다는 이론이다. 인간이 경험하는 실재의 세계는 독립된 것이 아니라 개개인이 부여한 의미에 의해서 성립한다고 본다. 그러므로 어떤 사물을 보는 입장도 여러 가지가 있을 수 있으며, 어떤 사건이나 개념에 대해서도 서로 다른 의미와 견해가 있을 수 있다는 것이다.

구성주의를 '학습'의 관점에서 예를 들어 살펴보자. 구성주의와 대비되는 객관주의 입장에서의 지식이란 고정되어 있고 확인될 수 있는 현상, 개체를 의미하여 초역사적이며 우주적인 진리를 말한다. 하지만 구성주의 입장에서는 지식이란 개인의 사회적 경험을 바탕으로 개별적 의미와 개념을 형성하는 것으로 보아 상황적, 사회적, 문화적, 역사적인 특성을 강조한다. 또한 강사가 중심이 아닌 학습자 중심의 학습환경을 만들어주려고 한다.

AI는 이러한 개념을 밑바탕에 깔고 있다. 구성주의 원리는 한 사람이 떠올린 아이디어가 대화를 통해 다른 사람들과의 지식, 지혜, 경험과 통합되면서 구체적이고 짜임새 있는 계획으로 발전되고 공유되어 조직 내의 변화를 이끌어낸다. 사람은 보통 다른 사람과의 지속적인 대화를 통하여 지식을 창출하고 발전시켜 나가게 된다. 대화에서 언어는 매우 중요한 역할을 한다. 변화는 사람들 간의 대화와 이를 가능케 하는 언어에 있다고 보는 것이다.

제2 원리 : 동시성의 원리 – "질문과 동시에 변화를 일으킨다."
동시성의 원리는 질문과 변화의 동시성을 의미한다. 올바른 질문은 즉시 변화를 촉발하는 중요한 도구가 될 수 있다는 것이다. 예컨대,

"과거의 가장 바람직한 모습은 무엇인가?", "조직에서 더 많은 가능성은 무엇인가?"라는 질문은 그 자체로 변화를 일으키게 된다. 이는 전통적으로 교육이나 이벤트를 통해 변화를 유도했던 방식과는 사뭇 다르다. 커밍스는 "아름다운 질문을 하는 사람은 언제나 아름다운 대답을 얻는다"고 말했다. 질문은 순간적으로 생각의 초점을 변화시켜 우리의 생각과 감정을 바꾸어준다. 그리고 '나는 누구인가, 어떤 능력을 갖추고 있는가? 나의 꿈을 실현하기 위해서 무엇을 할 수 있는가?'에 대한 인식을 통해 우리의 잠재능력을 끄집어낸다.

동시성의 원리는 '조직은 질문하고 탐색하는 방향으로 움직이게 되고 에너지의 집중이 일어난다'는 것이다. 따라서, 질문은 매우 중요하다. 더더욱 질문에 따라 AI가 성공하느냐 마느냐를 결정짓는다. 가치를 창출하고 방향을 모색하게 하는 질문이 필요하다. AI는 이 점을 중시하고 있다. 따라서 AI에서는 긍정적인 가능성을 이끌어내는 질문을 만들고, 이를 조직 구성원에게 묻는 것이다.

제3 원리 : 시(詩)의 원리 – "경험과 스토리에 이미지와 은유를 활용하라."
조직의 경험과 스토리는 다양하게 해석될 수 있다. 의미를 부여하는 것에 따라 새로운 세계를 창조하고 새로운 시각을 얻게 해준다. 시는 시인의 예술적 정서를 표현한 문학이다. 시어는 함축적 의미로 쓰이므로 연상작용에 의해 암시할 뿐이며, 상상을 통하여 생명을 표현하고 인생의 의미를 해석하도록 해준다. 이렇듯 조직에서도 다양한 경험과 스토리를 재해석하고 의미를 부여함으로써 가치 있는 것을 얻을 수 있을 것이다. 조직을 바라보는 관점도 다양한 메타포(은유)를 형성시키게 되며, 긍정적 주제와 메타포를 선택할 때 조직의 모습은 그것에 투영된다. 시인이 그의 심상을 시어를 통해 반영하듯이 우리 조직에서는 어떠한 주제와 메타포를 그려 나갈지를 선택해야 한다. 이러한 주제와 메타포는 조직의 이미지를 창출하고 현실을 만들어 나간다.

"홍길동은 그에게 있어서 참으로 가깝고, 더없이 중요한 인물이다"라는 뜻의 말을 "홍길동은 그의 오른팔이다"라고 은유적으로 표현할 수 있다. 여기서 '오른 팔'은 중요한 인물을 상징적으로 보여주는 말이다. 이러한 은유는 대상의 이미지화를 만든다. 이미지가 강력한 힘이라는 것은 AI에서 중요하다.

제4 원리 : 예상성의 원리 ―"미래에 대한 이미지는 예상을 통해 형성된다."
이는 미래에 대한 조직의 긍정적 이미지가 그 조직 또는 그 조직 구성원들이 가지는 현재의 행동방식 및 성과에 영향을 준다는 것이다. 미래에 대한 이미지는 정해지고 주어지는 것이 아니라 구성원들 간의 공유와 참여를 통해서 새롭게 창조되는 것이다. 이러한 작업은 '미래는 이럴 것이다'라는 예견에 바탕을 둔다. 그 과정을 통해 사람들은 조직의 미래에 대한 이미지를 떠올리며, 이미지는 그들의 행동과 가치에 직접적인 영향을 준다. 미래는 항상 긍정적이고 고무적인 것이어야 한다. 만약 조직의 미래를 볼 때 비전을 가질 수 있다면, 그들은 그 비전을 실현시킬 수 있는 능력도 얻게 된다. 미래의 모습을 그려보는 것만으로도 구성원들은 조직의 현실적이고 신뢰성 있는 미래를 창출하는 데 참여하게 되는 것이다.

제5 원리 : 긍정성의 원리 – "긍정의 힘과 에너지를 중시하라."

그동안 조직의 변화를 위해서는 지나친 위기의식을 보여주는 것이었다. 그러나, 이 시도는 한계가 있다. 이런 행동이 계속되면 위기가 변화를 일으킬 수 있는 능력을 잃고 이내 시들어지고 말기 때문이다. 변화된 조직을 위한 긍정성의 원리는 이러한 위기의식이 아니라 꿈, 희망, 에너지, 목적의식, 자발적 참여 등과 같은 긍정적이고 미래지향적이며 기쁨을 주는 것이어야 한다. 조직 내 긍정의 바이러스가 퍼져 긍정의 문화가 정착되면 변화는 바람직한 방향으로 일어나게 된다. 변화는 희망, 영감, 기쁨과 같은 긍정적인 힘과 사람들 간의 협력이 있을 때 추진력을 얻게 된다. 긍정적 질문, 긍정적 동기부여, 긍정적 행동, 긍정적 결과라는 선순환이 이루어지도록 해야 한다. 조직의 최고의 경험과 스토리를 끌어올려 긍정이라는 연료로 불을 지피면 지속성을 갖게 된다. 이것이 AI의 중요한 토대가 된다.

이밖에 '전체가 최고의 결과를 끌어낸다'는 명제 하에 전 구성원들의 광범위한 참여를 강조하는 원리, 사람들이 미래에 일어났으면 하고 희망하는 것이 현재에 이미 실현된 것처럼 행동함으로써 긍정적인 이미지나 비전을 갖는 것으로 촉진된다는 원리, 사람들은 그들이 가장 하고 싶어 하는 일을 선택하는 자유를 누릴 때 개인적으로나 조직적으로 힘을 가장 잘 발휘할 수 있으며, 이러한 자유로운 선택은 조직에 대한 애정과 헌신을 느끼도록 하여 높은 성과를 촉진한다는 원리 등이 있다.

이상으로 AI의 기반이 되는 주요 원리에 대하여 정리해보았다. 이러한 원리들은 AI의 설계 및 실행에 있어 주요한 고려사항이 되어야 한다. 그래야만 기존의 변화관리 방법론이나 다양한 혁신 방법론과는 다른 AI의 본질적인 지향점을 놓치지 않게 될 것이다.

AI와 기존 접근법의 차이점

앞에서 전통적인 문제해결 방법과 AI에 대해서 대략적으로 설명했다. 이제 좀더 구체적으로 어떤 차이점이 있는지 살펴보자.

첫째, 초점과 관심 사항이 다르다.

전통적인 문제해결 방법은 조직이나 집단이 '무엇이 잘못 되어가고 있는가?, 무엇이 부족한가?' 등과 같이 결함이나 약점에 초점을 맞춘다. 부정적인 측면은 때로 우리에게 유혹이 될 수 있다. 우리가 잘 하고 있는 것보다는 문제가 있는 것에 초점을 맞추도록 한다. 그리고 문제가 있다면 그것만을 해결하는 데 에너지를 집중함으로써 우리의 강점이나 특징을 발견할 여유를 갖지 못하게 된다.

AI는 반대로, 이러한 상황을 긍정적인 관점에서 접근한다. 새로운 가능성과 긍정적인 산출물들, 예를 들어 꿈, 비전, 좋은 경험 등에 초점을 둔다.

둘째, 프로세스가 다르다.

전통적인 문제해결 방법은 일반적으로 문제를 인식하고 도출하고, 이에 대한 원인을 분석한 후 해결대안을 탐색하고 최적이라고 생각하는 대안을 골라 이에 대한 행동 계획을 짜는 순으로 진행을 한다. AI는 테마를 도출하고 최고의 강점을 발견하고 이를 기반으로 미래의 모습을 그린다. 그리고 이를 달성하기 위해서 설계를 하고 실행을 한다. AI의 이런 프로세스는 미래를 과감하게 탐색할 수 있는 아주 좋은 기회를 제공한다.

〈문제중심 접근법〉
문제점이 반드시 존재한다. 문제를 먼저 발견해야 한다.

〈AI 접근법〉
강점, 가치를 기반으로 모두가 참여하여 긍정적으로 기회와 가능성, 꿈을 발견한다.

특히 AI는 초기 단계의 인터뷰를 중요하게 생각한다. 인터뷰 질문은 그것 자체로 조직에 영향을 미친다. 인터뷰 질문이 문제를 들춰내는 데 초점을 맞추고 있다면, 조직에 부정적인 영향을 줄 것이다. 우리가 직원 만족도 조사를 한다고 가정해보자. 우리는 좋은 점보다는 좋지 않은 점의 데이터에 주목하게 되고, 그 데이터를 분석하고 문제점과 그 원인을 찾아내고자 할 것이다. 데이터에 의한 계량적 숫자는 우리를 들여다보는 가장 공식적이며, 공유하기 쉬운 것으로 인식하는 함정에 빠지기 쉽다. 그러나, 이것은 문제의 전반적인 현상을 나타내주기는 하지만 우리가 잘못하고 있다는 점에서 출발하고 있어 이후의 모든 흐름을 부정적인 것으로 바꾸어놓게 된다.

AI 수행자들은 이러한 문서화된 서베이 도구를 즐겨 사용하지 않는다. 그것보다는 심도 있는 1:1 인터뷰를 선호한다. 우리가 고객만족도를 조사하여 95%가 만족한다는 결과가 나왔을 때, 우리는 무엇에 주목하는가? 95%의 만족은 잠시, 5%의 불만에 집중한다. 그리고 그 원인을 파헤치려 모든 에너지를 쏟는다. 우리가 무엇 때문에 고객으로부터 95%의 만족을 이끌어냈는지에 대해서는 주목하지 않는다. 때로는 질적인 데이터가 계량적인 데이터보다 중요할 수 있다. 결국 이러한 모든 것은 데이터가 된다.

〈문제해결 중심 접근법과 AI 접근법의 비교〉

	전통적 문제해결식 접근	강점과 긍정기반 접근(AI)
초점	문제점, 결함, 약점	비전, 꿈, 희망, 강점, 가치
관심 사항	문제, 약점은 무엇인가? 문제의 원인은 무엇인가? 무엇이 우리의 목표에 장애가 되는가?	구성원들이 경험한 성공, 가치, 강점은 무엇인가? 그러한 성공과 강점은 무엇에서 비롯되는가? 무엇이 우리가 진정으로 원하는 것인가?
프로 세스	문제인식 원인분석 해결안 도출 실행계획 도출	강점의 발견과 가치 부여(Discovery) 새로운 가능성에 대한 상상(Dream) 대화와 합의를 통한 디자인(Design) 실천행동에 대한 결의와 실행(Destiny)
전달 방식	의사결정자에게 피드백	전체적 공유
공통된 특징	이슈의 분할화, 세분화 실행가능성 중심 소수의 전문가 그룹 중심 지속적인 문제 발굴	미래의 새로운 가능성 추구 질문, 가능성 중심 긍정적이고 도전적인 분위기, 참여 촉진 솔루션 개발과정 자체가 변화임
결과	문제해결을 위한 최적의 솔루션	꿈을 실현하기 위한 설계

〈AI를 성공적으로 도입한 GTE(지금의 버라이즌)의 토마스 화이트 사장의 성공 체험〉

"AI는 문제를 찾고 해결하려는 데 초점을 맞춘 기존의 문제해결 방식보다 더 많은 것을 얻을 수 있게 한다. 우리는 많은 문제들을 해결하는 데 익숙해져 있었다. 우리는 모든 자원을 전체 서비스 성과보다는 이에 덜 영향을 미치는 상대적으로 작은 문제들을 해결하는 데 초점을 맞추고 있었다. 우리는 오랜 시간 동안 이러한 방식을 사용해왔고, 이것에 매우 익숙해져 있었다. 그 결과 부정적인 조직문화가 자리잡고 있었다. 희망과 강점을 찾는 데 어떠한 관심과 에너지도 기울이지 못했다.

AI를 통해 관점을 바꾸려는 노력을 계속 한 결과, 우리는 좀더 흥분되고 동기부여가 되며 에너지 넘치는 모습을 보게 되었다. 우리는 우리의 일과 자신을 다르게 보기 시작했다. 보다 역동적으로 변화되었으며, 부정적인 말보다 긍정적인 말과 성공을 축하하는 말들로 바꾸었다. 이러한 관점의 변화는 기존에 우리가 안고 있던 문제를 해결해주었을 뿐만 아니라 동시에 조직을 재충전하는 계기를 제공해주었다. 장기적으로 우리에게 유용한 것은 무엇인가? 조직을 성공적으로 변화시키기 위해서는 성공에 대하여 이야기할 수 있어야 한다. 이것은 단순히 긍정적인 말만을 아무 의미 없이 해야 한다는 것이 아니다. 실패를 감추거나 문제의 원인을 내팽개쳐 두자는 것은 더더욱 아니다. 문제를 무시하는 것이 아니라 다른 관점에서 바라봄으로써 보다 효과적으로 조직의 변화를 일으키고 에너지를 충만하게 하자는 것이다.

AI는 그 배경에 수많은 과학적인 이론을 기초로 하고 있다. 단기적이고 가시적인 변화에만 집중하는 것이 아니라 궁극적이고 진정한 변화를 위해서는 AI의 관점을 조직에서 받아들일 필요가 있다. 이것은 조직과 구성원들에게 새로운 시각을 열어주게 될 것이다."

다음으로는 AI방식이 기존의 문제해결 방식과 근본적인 차이를 가져다주는 '긍정'과 '질문'에 대하여 좀더 상세하게 검토해보기로 한다.

'긍정'의 어프로치

왜 긍정에 초점을 두는 것이 좋을까?

긍정적 사고와 태도가 얼마나 중요한지 하나의 사례를 통해 생각해보자. 사막 한가운데에서 버스가 고장났다고 가정해보자. 어떤 반응을 보이는 것이 바람직할까? 승객과 운전기사가 어떻게 이런 상황에 이르게 되었는지에 대해 장시간 서로 다투고만 있을 것인가? 이 사고가 어떻게 일어나게 되었는지를 정확하게 파악하기 위하여 많은 시간을 보내야만 하는가? 아니면 움직이기 위해서 사람들의 재능과 자원들을 모으고 서로 아이디어를 짜내려 협력하고 긍정적으로 반응하는 것이 좋을까? 긍정적으로 반응하는 것이 상황을 변화시키고 문제해결을 위한 에너지와 힘을 만들어낸다는 것을 이해할 수 있다.

윗사람에게서 "이 프로젝트에 대해 좀더 신경을 쓰세요"라는 지시를 받은 경우에 한 사람은 "왜 나만 못살게 구는 거야. 나를 잡는다 잡아" 하며 불평을 하고, 다른 한 사람은 "자기 일이나 잘 하시지. 윗사람이라고 꼭 한마디 거든단 말이야. 그냥 무시해 버리자"라고 말했다. 마지막 사람은 "이 프로젝트에서 나에게 기대하는 바가 크군. 훌륭한 성과를 내길 바라는 게 틀림없어. 그래, 나를 믿어주니 고맙지. 내가 이 업무를 가장 잘 할 수 있는 사람이라고 생각하는 것 같아"라고 말했다. 어떤 태도가 바람직할까?

같은 말이지만 받아들이는 관점에 따라서 그 결과는 전혀 다르게 나타날 수 있다. 우리는 생각이나 태도가 재능, 지식, 환경보다도 더 중요하다는 말을 자주 들어 왔다. 긍정적인 생각과 태도는 긍정적인 결과를 가져온다.

긍정이 주는 힘에 대한 사례

'긍정심리학'이라는 용어는 미국의 심리학자 마틴 셀리그만(Martin E. P. Seligman)이 1998년에 처음 사용했다. 이 용어는 불안, 우울, 스트레스와 같은 부정적인 감정보다 개인의 강점과 미덕 등 긍정적 정서에 초점을 맞추는 심리학의 새로운 분야로서 전 세계적으로 많은 관심을 끌고 있다. 그는 그의 저서 《낙관성 학습(Learned Optimistic)》에서 다음과 같은 실험의 결과를 밝히고 있다.

유명한 보험사인 메트라이프(Met Life)에서 보험설계사를 뽑을 때 한 집단은 직무수행 능력이라는 전통적 잣대로 뽑고, 다른 집단은 낙관적 태도를 기준으로 뽑았다. 사실 두 번째 집단은 한 가지 기준이 더 있었다. 직무수행 능력시험에서 낙제점에 가까워야 했다. 12점이 최저 통과점수면, 11점이나 10점에 해당하는 사람들을 뽑았다. 그들은 전통적 방식에서는 떨어질 사람들이었다. 셀리그만은 이 집단을 '특별팀(Special Force)'이라고 불렀다.

낙관적인 사람과 비관적인 사람이 섞여 있지만 직무수행 능력시험을 통과한 사람들과 낙관적이지만 직무수행 능력시험에 떨어진 두 개의 집단 실적을 비교한다면 어떨까?

우선 일반 집단의 경우를 보자. 첫 1년 동안에는 낙관적인 사람(평균보다 낙관성 정도가 높은 사람들)이 비관적인 사람(평균보다 낙관성 정도가 낮은 사람들)보다 단지 8%만 실적이 높았다. 하지만 두 번째 해에는 낙관주의자가 31% 실적이 높았다. 특별팀은 좀더 극적이다. 첫해에 특별팀은 일반팀의 비관주의자들보다 21% 높은 실적을 냈고, 두 번째 해에는 57%나 높은 실적을 냈다. 한편으로, 특별팀은 2년 동안 일반팀에 비해 27% 높은 실적을 냈다. 낙제점의 낙관주의자들은 합격점의 낙관주의자와 최소한 같은 수준의 실적을 냈다. 여기서 낙관주의자는 긍정적인 사람들이다. 다만, 무조건적인 낙천주의가 아니라 현실의 한계를 알고 있는 낙관주의자로 일반적으로 긍정적인 태도를 가진 사람들이다.

이런 실험결과는 칼릴 지브란(Khalil Gibran)이 말한 것처럼 '낙관주의자는 장미에서 가시가 아니라 꽃을 보고, 비관주의자는 꽃은 망각하고 가시만 쳐다본다'라는 말을 생각나게 한다.

27만 5천 명의 연구 대상자가 참여한 기존의 심리학 실험 연구 225건을 분석한 결과는 '행복을 가져다주는 것은 삶에 대한 긍정적인 자세이며, 그로 인해 행복해진 사람들은 생산성도 높고 면역체계도 더 건강하고 돈도 더 잘 벌고 있다'는 것을 말해준다.

세계적인 불황으로 심리적인 공황상태에 빠져든 시기에 뉴욕 시민들의 입가에 웃음을 짓게 만드는 사건이 있었다. 그것은 바로 승차권에 적힌 한 마디였다. 그것은 바로 다름아닌 '옵티미즘(Optimism)'이었다.

'낙관'을 뜻하는 '옵티미즘'이라는 단어가 적힌 승차권을 배포하고 난 뒤 시민들의 반응은 굉장했다고 한다. 승차권에서 이 단어를 발견한 승객들은 미소를 지으며 잊고 있었던 행복과 희망이라는 단어도 함께 연상하는 시간이 되었다고 한다.

로라 킹(Laura King)과 그녀의 동료들은 긍정적 정서가 사람들로 하여금 현재의 문제를 폭넓은 시각에서 창의적으로 생각할 수 있게 해준다고 강조한다. 사람들이 삶의 의미를 더 넓은 관점에서 생각할 수 있다면 이러한 긍정적 정서가 삶의 의미를 향상시키는 데 도움을 줄 것이라고 본다. 긍정적 정서는 또한 의미 있는 활동을 하고 있다는 표시이기도 하다는 것이다. 중요한 목표를 향해 나아가는 것은 기분을 좋게

하고, 전반적인 삶에 대한 만족 정도는 지금의 혹은 최근의 기분에 따라 달라질 수 있는 것이다. 또한, 의미 있는 활동은 전형적으로 즐거움을 가져온다고 본다. 여러 심리학 실험에 따르면, 긍정적 감정 상태일 때 창의적 사고도 잘 일어난다고 한다.

AI에서 '긍정'의 역할

AI는 언어가 모든 관점의 중심이 되며, 그 내용과 말의 사용 모두에 대한 새로운 접근법을 촉진한다. 내용과 말의 사용 모두는 긍정에 기반을 두어야 한다는 점을 일관되게 강조한다. 우리는 상징적이고 정신적인 프로세스를 통해서 현상을 만들어낸다. 이 때문에 미래는 선택에 의해 결정된다. 긍정적인 이미지는 개인과 조직이 그들의 목표와 미래에 대하여 긍정적인 결과를 가져오게 한다.

식물이 태양을 찾는 것과 같이 우리는 긍정적인 경험을 찾아야 한다. 우리는 긍정이 아이들을 양육하는 과정에서부터 회사의 직무수행 과정에 이르기까지 모든 부분에 광범위하게 영향을 미친다는 많은 연구결과를 보아왔다. 감사, 기쁨, 만족, 희망, 꿈, 비전, 소망, 믿음, 좋은 경험 등과 같은 긍정의 가치들을 바라보아야 한다. 시선을 부정적인 가치에 빼앗기는 순간 악순환의 롤러코스트를 타게 된다. 실망, 절망, 고통, 불평, 불만, 시기 등의 부정적인 가치들에 휩싸이게 되고 모든 사람들과 사안을 부정적으로 바라보게 된다. 이것이 비극의 시작이다. 우리는 실제로 그렇지 않은 일도 부정적인 생각을 가짐으로써, 나의 정서와 행동이 결정되는 것을 경험한다. 이것은 생각의 변화가 감정과 행동의 변화를 일으킨다는 원리와 통하는 것이다. 이러한 내적 장애 요인인 부정적 생각을 벗어나야 행복한 변화를 가져올 수 있다.

데이비드 쿠퍼라이더(David Cooperrider)는 1990년에 '긍정적 이미지가 어떻게 행동의 방향을 정해주는가?'라는 논문에서 '긍정'이라는 말을 처음으로 사용했다. 그 후 쿠퍼라이더와 휘트니(Cooperrider & Whitney)는 변화의 모멘텀을 생성하고 지속하는 데 있어 긍정적 감정의 기제로서 '긍정의 원리(Positive Principle)'가 중요하다고 지적했다. 그러나, AI에서 긍정의 이미지는 그것보다 많은 방식으로 드러난다. 긍정이 조직의 변화 프로세스의 유용한 개발 모델로 사용될 수 있는 많은 여지가 있다. 우리는 긍정의 말에 대한 부정의 말의 사용비율, 긍정적 정서, 긍정적 이야기, 희망, 긍정적 태도 등이 변화의 과정에서 어떠한 영향을 미칠 수 있는지를 충분히 고려할 필요가 있다.

긍정에 대한 집중은 새로운 결과를 불러온다. 아이센(Isen)의 연구에 따르면, 긍정적인 정서를 갖는 사람이 좀더 유연하고, 창의적이고 개방적인 사고방식을 갖는다고 한다. 그들은 다양한 행동의 선택을 인정하며 다양성을 선호한다. 게다가 긍정과 부정의 말을 얼마의 비율로 하고 있는지가 관계와 응집, 의사결정, 창의성, 전반적인 성공의 정도와 매우 밀접한 관계를 갖고 있음을 발견했다. 프리딕슨(Barbara Fredrickson)의 연구도 이를 뒷받침해 주고 있는데, 긍정적 정서는 사람들을 신뢰하게 할 뿐만이 아니라 개방적이며, 창조성과 아이디어를 촉진하고 적대적인 상황에도 잘 대처할 수 있는 능력을 제공한다는 것이다. AI에서도 긍정에 집중하게 되면, 긍정적인 정서를 갖게 되고 긍정적 말의 비율을 높이며 좀더 관대한 사고와 행동을 불러일으켜 긍정적인 결과를 가져오게 된다는 것이다.

대첸커리와 메츠커(Thatchenkary & Metzker)는 최근 사람과 프로세스에서 등장하는 잠재성을 볼 수 있는 능력인 '긍정지능(Appreciative Intelligence)'이라는 이론을 개발하여 제시했다. AI는 이러한 긍정을 '희망'이라는 가치와 연결시키고 있다. 많은 사람들이 만약 보다 좋은 조직, 그리고 세계에 대한 희망의 이미지가 없다면 결코 집단적으로 미래의 변화를 얻는 것은 불가능하다고 지적해왔다. AI의 '발견과 꿈의 단계(Discovery and Dream Phases)'에서 우리는 냉소적이고 불만에 가득 찬 것을 놀라운 희망으로 전환시킬 수 있음을 경험하게 될 것이다.

긍정에 대한 집중은 변화를 지원한다. 많은 컨설턴트의 경험은 긍정적인 스토리가 적절하게 사용된다면 부정적인 것이 하지 못하는 '확산효과(Spread Effect)'를 제공한다고 한다. AI 프로그램 중에 참가자들은 서로의 열망과 포부의 공유가 얼마나 중요한지를 발견하게 된다. 가장 좋은 경험들을 서로 나누며 이야기하는 동안 사람들은 동질감을 느끼고 긴장이 풀어지며 놀라운 에너지를 얻게 된다. 이러한 과정을 통해 참가자들은 서로의 영향력을 증가시키며, 변화를 이끌어내는 능력을 얻게 된다. 베이커, 크로스, 우튼(Baker, Cross and Wooten)은 그동안 조직에 있어서 자원이나 정보의 통제능력에서 비롯되는 영향력보다도 긍정적인 태도와 공감대가 더욱 큰 비공식적 영향력으로 자리 잡고 있다는 것을 발견했다.

긍정은 이렇듯 강한 힘을 지녔다. AI는 이러한 긍정의 힘을 변화에 있어 중요하면서도 가장 본질적인 것으로 인식하고 있다.

'질문'의 힘

왜 질문이 중요한가?

제임스 터버(James Thurber)는 "나는 모든 답을 갖는 것보다 몇 개의 중요한 질문을 갖는 편이 낫다고 생각한다"라고 말했다. 《네 안의 잠든 거인을 깨워라》의 저자 앤서니 라빈스(Anthony Robbins)는 "나는 모든 인간의 진보가 새로운 질문에서 비롯된다고 믿는다"라고 말했다. 강력한 질문이 인류의 미래를 새롭게 창조해왔다는 사실이다. 예컨대 아인슈타인은 가장 중요한 것은 결코 질문을 멈추지 않는 것이라고 말했다. 호기심은 그 자체만으로 존재이유를 갖고 있고 질문을 통해 발현된다고 보았다. 또한, 그는 "선생님들 대부분은 학생들이 무엇을 모르는가를 찾아내려고 질문한다. 하지만 그것은 큰 효과가 없다. 올바른 질문의 기술은 학생들이 무엇을 알고 있으며 무엇을 알 수 있는지를 찾아내는 데 있다"라고 말했다. 이것은 AI가 지향하는 바와 일맥상통한다. 질문을 통해 강점을 발견해내는 것이다.

질문은 강력한 힘을 지녔다. 하나의 질문이 세상을 바꾸고 인생을 바꾼다. 다른 방향으로 질문해보면 전혀 새로운 세계가 열리기도 한다. 질문을 통해 우리는 특별하거나 필요한 정보를 구할 수 있으며, 대인관계를 더욱 깊게 할 수 있으며 좀더 창의적으로 생각하고 변화를 이끌어낼 수 있다. 보다 나은 질문을 통해 보다 나은 답을 얻어낼 수 있다. 상대방을 설득할 수도, 깊은 생각의 우물에 빠지게도 할 수 있다.

질문만으로 막강한 힘을 발휘하는데, 이는 사용하는 단어나 질문하는 방식 등에 따라 달라질 수 있다. 정확하게 어떤 질문을 어떻게 하느냐에 따라 대답은 크게 달라질 수 있는 것이다. 강력한 질문은 질문 자체만으로 상대방에게 큰 영향을 끼친다. 이런 의미에서 질문은 하나의 예술이며 기술이라고도 할 수 있다. 성공적이고 효과적인 질문은 생각을 변화시킬 수 있는 질문이어야 하는데, 이를 위해서는 단순히 "예, 아니오"라는 단답형 질문보다는 개방형 질문으로 생각을 이끌어내야 한다. 또한 "왜, 어떻게"를 적절히 사용함으로써 생각의 내면으로 깊숙이 들어가도록 유도해야 하는데 "왜 늦었니?"라는 질문을 "어떻게 하면 일찍 올 수 있을까?"라고 바꾸면 상대의 생각과 답변을 긍정적인 방향으로 이끄는 엄청난 효과가 있을 수 있다. 그러나, 문제에 대한 깊숙한 생각을 끄집어내기 위해서는 "왜 그럴까? 만약 ~라면"과 같은 탐색을 위한 질문을 하는 것이 바람직하다. 그리고, 미래지향적인 질문을 던져야 한다. 긍정적인 관점에서 사안을 바라보고 상대의 생각을 긍정적인 방향으로 이끌기 위해서 미래의 가능성에 초점을 맞춘 긍정적 질문을 사용해야 하고, 과거를 돌이켜보더라도 좋은 경험, 가치, 기쁨, 행복에 대하여 이야기할 수 있도록 해야 한다.

질문이 성공적이고 가치가 있으려면 반드시 생각을 자극할 수 있어야 한다. 필요하다면 탐색 질문과 같은 방법을 활용하여 어떤 문제에 깊이 들어가서 철저하게 조사하거나 또는 자세하게 질문해야 한다.

도로시 리즈(Dorothy Leeds)는 저서《질문의 7가지 힘(The 7 powers of questions)》에서 "만일 누군가의 관점을 바꾸고 싶다면 우뇌와 좌뇌의 사고를 동시에 자극하는 질문을 하는 것이 효과적이다"라고 말한다. 예를 들어 좌뇌형 질문이 "이것을 어떻게 했는지 단계적으로 설명해주시겠습니까?"라면 우뇌형 질문은 "거기에 대해 어떻게 느꼈습니까?"가 될 수 있다.

한 조사에 의하면, 성공한 영업사원들은 그렇지 않은 사람들보다 58%나 많은 질문을 한다고 한다. 또한 만일 질문을 10%만 늘리면 영업 실적과 생산성을 20% 올릴 수 있다고도 말한다. 질문은 일반적이고 간단하지만 어떻게 사용하느냐에 따라 강력한 힘과 영향력을 발휘하는 것이다.

우리는 얼마나 질문에 강한 조직인가?

그럼, 우리 조직에서 일반적으로 사용하고 있는 질문의 역량을 평가해보자.

- 우리 조직의 리더들은 어느 정도로 실제 작용할 수 있을 만큼 생각을 촉발시키는 '큰 질문(Big questions)'을 발견하고 촉진시킬 수 있는 환경을 만들고 있는가?
- 우리 조직은 공통된 초점과 지식 창조를 위해 도전적인 질문을 발견할 수 있도록 독려하는 보상이나 인센티브를 제공하고 있는가?
- 문제해결을 위한 기술과 같이 강력한 질문을 조직화하고 활용할 수 있는 리더십개발 프로그램을 가지고 있는가?
- 우리 조직은 전략적인 계획 프로세스에 '큰 질문'을 던질 수 있도록 반영하고 있는가? 만약 그렇다면, 이것이 진정으로 전략을 수행하는 데 도움을 주고 있는가?
- 부서 내에서뿐만 아니라 부서 간에도 학습을 촉진시킬 수 있는 전략적인 질문들이 논의되고 있는가?

데이비드 이삭과 주아니타 브라운(David Isaacs & Juanita Brown)은 강력한 질문의 힘에 대해 광범위하게 기술했다. 그들은 강력한 질문은 단순명료하고, 생각을 불러일으키며, 에너지를 넘치게 하고 질문에 집중하며, 새로운 가능성을 열도록 하는 것이라고 주장한다. AI 창시자인 쿠퍼라이더 교수는 이러한 요소들을 3가지 차원에 집약시키는 노력을 했다. 질문에 대한 언어적 구조는 답변을 하는 데 있어서 마음의 폭을

넓힐 수도 좁게 할 수도 있다고 말한다. '만약 ~라면', '어떻게'라는 질문은 단순한 '예, 아니오'라는 질문이나 '어느 것'이라는 질문보다도 훨씬 강력하다는 것이다. 다음으로 질문의 범위가 답변을 위한 보다 적절한 방법을 결정할 수 있다는 것이다. 질문의 범위가 너무 광범위하면 주목을 끌지 못하고 집중력을 분산시킴으로써 답변 자체도 애매모호하게 된다는 것이다. 적절한 범위를 가정한 질문이 보다 효과적인 답변을 얻을 확률이 높아진다.

종종 질문들은 다양한 가정을 포함하고 있다. 중요한 것은 그러한 가정을 충분히 이해할 수 있느냐 하는 것이다. 가정은 질문의 의미에 있어서 함축적인 부분이다. 의도나 가정을 충분히 이해할 수 있어야만 만족할 만한 답을 할 수 있다.

무엇이 강력한 질문인가?

다음의 질문들이 각각 얼마나 강력한지를 10점 척도로 평가해보라. 어떠한 것이 강력한 질문인지를 쉽게 이해할 수 있을 것이다.

1. 지금 몇 시입니까?
2. 우리가 아직까지 생각하지 못했던 어떤 가능성이 있나요?
3. 윤리적이라는 것은 무엇인가요?
4. 샤워를 했나요?

강력한 질문은 호기심을 불러일으키고 창의력을 이끌어내며, 질문에 집중하고 대화를 자극한다. 또한 생각하게 하고, 내면에 숨겨져 있는 가정을 표면화시킨다. 좀더 깊은 의미를 제공할 뿐만 아니라 참여자들을 함께 할 수 있도록 해준다. 그리고 조직에 빠르게 퍼지도록 해준다.

강력한 질문에는 다음의 3가지 차원이 있다.

구조—질문에 대한 언어적 구조는 마음의 문을 넓게 하거나 좁게 할 수 있는 큰 차이를 가져온다. 이러한 측면에서 다음의 말들이 얼마 정도 강력한지를 평가해보라:

- 예/아니오 질문
- 왜
- 어떻게
- 무엇을
- 어느 것
- 만약 ~라면
- 누구
- 언제
- 어디서

다음의 질문에 대하여 생각해보자:
- 우리 지역의 아이들은 그들이 필요로 하는 운동을 할 수 있는가?

- 우리 지역의 과거 사례를 볼 때, 아이들이 즐겁고 건강하게 운동하고 뛰어놀 수 있었던 시기는 언제였는가?
- 아이들의 건강과 복지를 위해 우리 지역에서 지원해야 할 것은 무엇인가?
- 왜 그렇게 많은 아이들이 활동성이 떨어지고 다이어트를 해야 하는가?
- 만약 지역사회가 아이들의 건강을 잘 지원하려면 어떠한 모습을 가져야 할까?

단순히 '예/아니오' 질문에서 '왜', '만약 ~라면'이라는 질문으로 바꾼다면 좀더 심사숙고하고 창의적인 답변을 얻게 된다는 것이다.

질문할 때 유의할 점은 '왜'라는 질문이 주의 깊게 이루어지지 못한다면, 그것은 방어적인 대답을 이끌 수 있다는 것이다. 질문하는 사람이 자신을 질문을 통해 판단하려 한다는 생각을 갖게 할 우려가 있기 때문이다.

범위—질문의 범위는 우리가 해결하고자 하는 필요와 잘 연계되지 않으면 안 된다.
아래의 질문에서 범위의 영향도가 어떠한지 주목해보라:
- 우리가 어떻게 팀으로서 정보를 가장 잘 공유할 수 있을까?
- 우리가 어떻게 우리의 연합체로서 정보를 잘 공유할 수 있을까?

- 우리는 어떻게 우리의 지역공동체와 정보를 가장 잘 공유할 수 있는가?

질문은 점점 넓어지고 이에 대한 답변의 폭도 넓어짐을 파악할 수 있다. 범위를 적절하게 잘 맞추는 것이 의도한 질문에 대한 적절한 답을 얻는 데 중요하다.

가정—명시적이든, 묵시적이든 모든 질문은 가정을 내포하고 있다.

다음의 질문들에 내재되어 있는 가정들을 토론해보라:
- 어떻게 우리가 경기도에서 이중언어 교육 시스템을 도입할 수 있는가?
- 영어와 기타 언어를 말하는 학생을 교육하는 가장 좋은 방법은 무엇인가?
- 우리는 무엇을 잘못하고 있으며, 그 책임은 누구에게 있는가?
- 일어난 일로부터 무엇을 배울 수 있는가? 지금의 가능성은 무엇인가?
- 어떻게 부서 간 협력의 부재를 해결할 수 있는가?
- 우리 부서들 간의 협력의 가능성은 어떤 것이 있는가?

AI에서 '질문'은 매우 중요한 핵심요소다. AI 프로그램 과정에서 사람들은 그들의 가장 좋은 개인적인 경험을 기억하고 그것에 대하여 기술할 것을 요청받는다. 스스로 그러한 경험을 찾아내기 위해 자신의 마음 속에 닻을 내리게 된다. 이것은 그 경험의 내면에 있는 가치들을 발견할 수 있도록 해준다. 예컨대, AI 과정에서 "무엇이 ~에서 가장 좋은 경험이었는가?"라든지 "여러분이 ~에서 되기를 바라는 3가지는 무엇인가?"와 같은 질문은 이러한 개념에 기초하고 있다.

> "우리가 하는 질문은 우리가 발견해야 하는 것에 대한 무대를 제공한다. 우리가 발견하는 것은 미래가 어떠한 모습이 될지에 대한 스토리를 제공한다."
>
> 데이비드 쿠퍼라이더(David Cooperrider)
>
> "AI는 단순한 가정에 기초하고 있다. 조직은 우리가 반복해서 질문하고 주목하는 방향으로 성장한다는 점이다."
>
> 저베이스 부쉬(Gervase Bushe)

AI의 활용

AI에서 조직이란 '해결되어야 할 문제들의 집합체'가 아니라, '활력 넘치는 연결들과 생명력을 공급하는 잠재력의 센터'라고 본다. 모든 조직과 공동체들은 아직 활용되지 않은 긍정적인 요소들을 풍부하게 가지고 있다고 보는데, 이것을 '긍정적 핵심요소(Positive Core)'라고 부른다.

성취, 제품의 강점, 긍정적 정서 같은 것들이 이러한 긍정요소들의 예라고 할 수 있다.

그런데 이러한 AI접근법이 '어느 상황에서 보다 효과적으로 적용될 수 있을까?' '어떤 상황에서 AI가 가장 먼저 선택되어야 할 최우선 도구가 될 수 있는가?'에 대한 분명한 해답이 있을까? 이러한 대답을 위해 몇 가지 고려해야 할 기준이 있다.

첫째, '조직이 참여적 프로세스에 개방적이라는 것을 받아들이고 있는가?'다. 예를 들어, 중역들의 회의에서 논의되어야 할 특정한 의사결정 사항이 아니라 이해관계가 있는 조직의 모든 구성원, 즉 누구라도 참여할 수 있는 개방적인 것인가에 관한 것이다. 조직의 모든 구성원이라는 것이 중요한데, 비록 하위 직급에 있는 사람들도 필요하다면 참여하여 의견을 자유롭게 개진할 수 있도록 해야 한다. 때때로 일터에서 그들의 경험과 의견은 놀라운 아이디어가 될 수 있다.

우리는 그들이 AI 프로그램에서 생각지도 못했던 놀라운 통찰력이 있다는 사실을 목격해왔다. 참여적 프로세스에서 어느 정도의 개방성을 유지할 수 있는가는 중요한 기준이 된다. 미국의 화물 회사인 로드웨이는 북미 지역 전 사업장에 걸쳐 AI 서밋(Summit)을 개최했다. 화물 노동자들, 트럭 운전사들 그리고 모든 계층의 전문가들은 회사의 고위 경영진들과 함께 AI 방법론을 통해 회사 발전을 위한 다양한 아이디어를 짜

냈다. 이를 통해 모두가 업무에 완벽하게 몰입하는 법을 깨달았다.

둘째, AI의 주제가 무엇이어야 하는가의 측면에서, 주제는 광범위한 참여 프로세스에서 형성되어야 한다는 것이다. 때때로 경영진 회의에서 이러한 주제가 거론될 수는 있지만, 그들이 주제를 만들고 이를 조직구성원에게 들려주는 방법은 어울리지 않는다는 말이다. 조직 내에서 참여를 통해 이루어지지 않은 주제는 그들이 쉽게 납득하지 않을 뿐만 아니라 자신의 것으로 생각하지 않을 수 있기 때문이다. 왜 경영진에서 이러한 주제를 선정했는지를 설득해야 하고, 그것이 구성원들에게 저항 없이 받아들여지리라는 보장이 없다. 또한, 조직에 있는 특정 사람들에게 위협이나 정치적인 이해관계로 얽혀 들어갈 경우, 올바른 주제의 탐색은 매우 어렵게 된다. 충분하고 공정한 대화를 통해서 얻어진 주제야말로 AI를 제대로 도입하여 활용할 수 있는 중요한 척도가 된다.

셋째, 조직에 있는 모든 사람에게 준비할 충분한 시간을 주고, 공정한 기회를 부여할 수 있느냐는 것이다. AI의 과정은 '신속한 해결'의 과정이 아닐 수 있다. 대부분의 경우 많은 시간과 노력이 필요하며, 아주 소규모 조직의 간단해 보이고 잘 조직화된 주제라 할지라도 구성원들이 AI를 충분히 이해하고 이를 그들의 업무방식과 조직문화로 정착시키기 위해서는 많은 시간이 걸릴 수 있다. 따라서, 빠른 성과와 결과에 집착하여 중장기적인 미래의 성과를 내다볼 여유가 없다면 AI 방법은 적절할 수 없다. AI의 프로그램 시작 단계인 참여적인 테마 발굴에서 탐색적 질문의 순간에 곧바로 조직에 긍정적인 변화를 준다. 그러나, 우리가 기대하는 바와 같이 매출증대, 원가절감, 리드타임 단축 등과 같은 단기간의 성과지표를 충족하지 못할 수도 있다는 것이다. 반면에 보다 천천히 중장기적인 미래의 이미지를 형성해가는 데 보다 강력한 도구다. 이로써 결국 단기적 지표도 보다 좋아질 것으로 기대할 수 있다.

넷째, AI는 위기관리 도구가 아니다. 간혹 AI가 사실에 대한 새로운 시각과 통찰을 제공함으로써 위기를 극복할 수 있는 기회를 제공하기도 하지만 본질적으로 위기관리 도구는 아니다. 예를 들어, 갑자기 다른 회사로부터 인수의 위협을 받거나 모든 임원이 동시에 사임하는 위기에 있는 조직에 단기적인 처방을 제공하는 것을 한계가 있다.

마지막으로 AI는 단순한 조직변화의 기법만은 아니기 때문에, 변화의 기법과 기술에만 도움을 받고자 한다면 다른 변화관리 도구들이 보다 더 적합할지 모른다. AI는 우리를 둘러싸고 있는 세계를 보는 방식과 살아가는 방식에 관한 것이다. 그것은 단지 지적이고 감정적인 프로세스에만 연계되어 있는 것이 아니라 우리가 어떠한 모습이어야 하고, 어떻게 가야 하는지에 대한 예상과 기대를 반영하는 것이다.

AI는 다음과 같은 상황에서 보다 더 큰 효과를 볼 수 있다:

- 코칭이나 멘토링 같은 개인적 변화
- 집단 간 협력과 신뢰의 형성 및 개선
- 부서나 영역의 통합
- 고객서비스의 강화와 개선

- 생각보다 오래 걸리는 변화나 계획의 재충전
- 전략 기획과 같은 전사에 관련된 조직변화
- 소규모 집단 개발
- 사명과 비전의 개발
- 조직/시스템 재설계
- 리더십 개발
- 조직문화 혁신
- 지역사회 개발
- 갈등해결
- 수업 설계 등

AI는 다음의 경우에 가장 좋은 접근법은 아닐 수 있다:

- 위험한 환경에 빠져 있는 조직
- 예기치 않은 불행에 직면하고 있는 조직(스캔들, 자연재해 등)
- 경영진이 문제중심의 접근법을 사용하는 것에 집착하는 경우
- 구성원의 의견이 존중되지 못하거나 일관적으로 무시되는 조직의

문화가 지배적인 경우

• 참여 프로세스가 개방적이지 못한 경우

• 충분한 준비와 자원이 확보되어 있지 못한 경우

• 충분한 시간이 없고 단기적인 의사결정이 필요한 경우 등

AI의 프로세스(5D Process)

AI 프로세스는 4단계 또는 5단계로 이루어지는데, 이는 적용과제나 상황에 따라 변형되어 적용될 수 있다. 여기서는 5단계를 적용하여 소개하기로 한다.

사전준비를 거쳐 1단계는 다루어야 할 테마를 발굴하는 것으로 시작된다. 다음으로 2단계는 조직이나 개인이 성과가 좋았던 경험들, 즉 최고의 조직 가치를 발견하고 조직의 강점과 최고 사례, 두드러진 혹은 예외적인 순간들을 탐색하고, 묘사하고, 설명하는 '발견하기(Discovery)', 3단계는 '무엇이 될 수 있는가'에 대한 답을 하는 단계로 구성원 모두가 원하는 결과에 대한 상상을 통해 조직의 잠재력 및 비전을 발굴하는 단계인 '꿈꾸기(Dream)', 4단계는 '무엇이 가장 이상적인가'에 대한 답을 찾는 과정으로 이상적인 조직 구현을 위한 실현 가능한 방안을 도출하는 단계인 '설계하기(Design)', 5단계는 '어떻게 권한을 부여하고, 학습, 조정, 개선할 것인가'에 대한 답을 찾는 단계로, 조직 전반에 걸쳐 전체

시스템의 긍정적인 실행방안을 강구하는 '실행하기(Destiny)'로 이루어진다.

다음의 프로세스는 AI의 '5D 사이클'이라고 불린다.

AI의 5D 사이클

첫째, '정의하기(Define)' — 이 단계에서 추진 위원회나 핵심그룹은 AI 퍼실리테이터의 도움을 받아 주제를 정의하고 참여하여야 할 인력을 선정하며, 프로세스가 어떻게 구성되어야 하는지를 결정한다. 어떤 그룹은 관여된 모든 사람이 참여하는 'AI Summit'이라고 불리는 2~3일의 이벤트를 어떻게 개최할 것인지를 결정하고, 다른 그룹은 4~6주 동안 일주일에 한 번씩 미팅을 가지며, 또 다른 그룹은 전체 규모의 조직에 대하여 작업을 수행하기 전에 공동체를 대상으로 1:1 인터뷰를 통해 초기 데이터를 수집, 인터뷰를 담당하는 사람들을 훈련시킨다. AI는 유연하며, 모든 규모의 그룹에 적용될 수 있고 계획될 수 있다.

정의 단계에서는 질문의 중심으로서 '긍정'에 대한 합의가 이루어져야 한다. 주제는 인터뷰 가이드를 위한 질문을 생성하는 데 방향성을 제시한다. 주제는 조직에 활력을 불어넣는 것에서부터 안전, 혁신, 고객 서비스, 팀워크 등에 이르는 다양한 조직의 관심사를 포함한다. 긍정적 주제를 선정하는 것은 변화 프로세스의 방향과 인터뷰에서 무엇을 탐구할 것인지를 제시하기 때문에 매우 중요하다. 그 내용은 다양하지만, 조직의 사업 방향이나 문화, 변화와 관련된 것이 가장

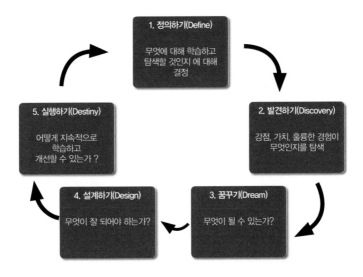

효과적이다.

주제는 조직 구성원들이 조직에서 향후 성장하고 확대되길 바라는 것이 되어야 하며, 너무 포괄적인 것보다는 구체적인 것이 바람직하다. 주제는 좀더 사람들이 배우기를 원하고 발견하기를 원하며 사람들을 미래의 희망으로 이끌 수 있는 대화를 끌어낼 수 있는 것이어야 한다. 또한 주제는 변화의 씨앗이 될 수 있는 것이어야 한다. 긍정적인 이야기들을 끌어내며, 학습을 촉진하는 것이어야 한다.

둘째, '발견하기(Discovery)'- 이 단계는 조직의 구성원은 물론 이해관계자들이 주제와 관련하여 자신이 그 조직에서 경험한 최고의 스토리를 공유하고, 그 과정에서 조직의 과거와 현재에 존재하는 최고의 것들, 그 조직의 현재 성공을 가능하게 한 핵심긍정요소를 발굴하는 것을 목적으로 한다.

인터뷰를 실시하기 위해서는 선정된 긍정적 주제들을 긍정적인 질문들로 변환해야 하는데, 긍정 인터뷰를 위한 질문은 간단히 취지의 소개와 2~4개의 긍정적인 핵심질문으로 구성된다. 참가자는 서로 짝을 지어 다른 사람들을 인터뷰하고 조직의 가장 훌륭한 경험, 베스트 프랙티스(Best Practices), 가장 가치 있는 자원, 미래의 바람직한 모습에 대한 이미지 등을 수집한다. 이를 위한 전형적인 질문은 다음과 같다.

(1) 여러분의 조직생활에서 가장 훌륭한 경험에 대하여 저에게 설명해주십시오. 활발하게 살아 움직이며, 생동감이 넘치고, 회사에서 자부심을 느낀 때가 언제인지를 생각하고 말씀해주십시오.

(2) 무엇이 여러분이 수행하는 직무와 조직에서 가장 가치 있는 것이라고 생각하는지 말해주십시오.

(3) 조직이 가장 잘 나갈 때 조직생활에서의 삶에 가장 핵심적인 영향을 미쳤던 요소는 무엇인지 말해주십시오.

(4) 만약 다음 10년 동안 조직에 대한 3가지 바람을 말한다면 그것들은 무엇일까요?

짝끼리 인터뷰를 통하여 조직의 과거 성공에 영향을 주었던 핵심요소, 가치, 자원 등은 무엇인지를 수집하고, 이야기를 분석해보도록 한다.

발견단계에서의 핵심적인 일은 사람들이 경험을 중심으로 주제에 관한 가장 좋은 것들을 발견해내는 것이다. 조직 내에서 가장 최상의 핵심요소를 찾기 위해 문제를 탐색하는 방식 대신 긍정적이고 우수한 요소에 집중한다. 높은 성과, 성공, 만족 등의 요소들을 도출해 스토리를 만들어낸다. 조직의 모든 측면에서 말하도록 한다. 리더십, 관계, 파트너십, 혁신, 창의성, 기술, 아이디어 등을 포함한다. 이 단계에서 사람들은 이야기를 나누고 핵심적인 요소들을 토론하며 가장 가치 있는 것과 미래의 자양분이 될 것을 찾고 학습기회를 갖게 된다.

셋째, '꿈꾸기(Dream)'- 이 단계에서는 참여자 모두가 진심으로 이뤄지기를 바라는 조직의 꿈을 상상하고 이미지화한다. 이 꿈은 '발견하기(Discovery)' 단계에서 발굴된 그 조직만의 잠재력과 관련이 있고 영향을 미치고자 하는 목적과도 관련된 새로운 비전이다. 참가자들은 그들의 바람직한 미래에 대해 상상하고 이미지화하며 구체화한다. 꿈은 미래에 대한 비전의 기술서의 형태일 수도 있고, 미술작품, 음악, 시, 스토리, 댄스, 축하 이벤트 등의 모습일 수도 있다. 다양한 도구가 꿈을 이미지화하기 위해 활용될 수 있다. 이를 '꿈지도(Dream Map)'라고도 하는데, 진술문이나 벽화, 예술 작품, 혹은 타임캡슐 등 다양한 형태가 될 수 있다.

이 단계는 조직의 바람직한 미래에 대한 비전화 작업을 통해 현상에 대한 도전을 수행한다. 조직의 이해관계자가 조직의 잠재성, 독특한 가치 등을 허심탄회하게 대화하고 토론하도록 한다. 조직의 역사에 대한 다양한 이야기를 공유하고 나누는 과정을 통해 미래의 긍정적인 모습을 그려보도록 한다. 조직의 잠재성에 대한 실제적인 접근을 중시한다. 비전 만들기나 계획하기 등과 다른 점이 바로 이것이다. 분명하게 과거의 성과와 강점, 좋은 경험 등을 미래의 모습과 접목시키는 과정을 거친다는 것이다. 조직의 잠재성을 확대하고 성장시키는 작업이다. 단순히 뜬구름 잡는 좋은 단어의 나열이 아니다. 미래의 이미지는 과거의 긍정적인 경험에 기초를 두고 있다. 이러한 독특하고 즐거운 순간에 대한 이야기는 미술가가 미래의 이미지를 창조하는 것과 같은 것이다. 밑그림은 마치 과거의 좋은 경험, 강점, 기억과 같다고 할 수 있다. 이러한 특성 때문에 '비전 만들기'와 같은 기존의 방법보다는 보다 구체적이고 가시적이고 자신감을 가지게 할 수 있다.

작은 시냇물이 바다를 향해 흘러가듯이 조직은 미래의 상상하는 비전을 향해 움직인다. 꿈의 방향을 향해 움직일 수 있도록 조직은 가치, 규범, 방법, 원칙 등을 정의한다. 이것은 일종의 '도발적인 제안(Provocative Propositions)'으로 불리는 선언문으로 정리된다. 도발적 제안은 조직을 확장시킬 수 있도록 대담한 표현을 사용하고, 생생하고 긍정적인 이미지들을 보여주는 서술적 표현으로 이루어진다. 구체적으로 '도발적인 제안'을 만들어야 한다. 이러한 진술서는 꿈과 비전을 향해 조직의 구성요소들이 어떻게 기능해야 할 것인지에 대해 기술한 바람직한 기준과 행동에 대한 것이다. 이러한 도발적 제안은 이미 실현되거나 존재하는 것처럼 미래의 이상을 표현하도록 하며, 발견단계에서 얻은 성공 스토리들에 기초하되 더욱 도발적인 도전이 되도록 해야 한다.

예컨대, '커뮤니케이션'이라는 설계요소의 경우 도발적 제안은 '우리는 개방적이고, 솔직하고, 공평하며, 참여적인 과정을 통해 지역시민들과 의사소통을 한다. 우리는 적극적으로 시민들의 의견을 얻고, 그에 대응한다. 우리의 시스템은 시민들의 의견을 반영하고 설계되며, 계속해서 재설계된다'라고 정의하는 것이 그 예가 될 수 있다.

넷째, '설계하기(Design)'- 이 단계는 '꿈 만들기' 단계에서 상상한 조직을 보다 구체적인 모습으로 설계하는 단계다. 설계 단계에서는 변화의 주제를 보다 구체적인 목표로 전환하고, 모든 이해관계자, 소규모 디자인 팀 등 누가 관여할 것인지를 결정하고 어떻게 실현할 것인지를 결정한다.

조직의 사회적, 기술적 아키텍처를 다시 생각해본다. 이것은 조직이 '꿈 만들기' 단계에서 창조한 조직의 미래에 대한 공유된 비전을 구체화하기 위한 것이다. 여기서 사회적 아키텍처란 조직의 핵심 과업들을 지원하기 위한 역할, 작업, 관계, 조직구조, 경영시스템, 방침과 지침, 신념 및 가정 등 모든 것을 포함한다. 한편으로 기술적 아키텍처는 투입요소를 산출물로 전환하는 프로세스, 그러한 프로세스에서 사용되는 기술 등 조직적 아키텍처를 포함한다. 미래의 이미지를 구체화시키는 과정에서 이러한 아키텍처의 변화가 일어나게 된다. 이 과정에 참여한 이해관계자들은 신중히 검토하고 최적의 방안을 위해 토론하며 선택해 나가야 한다.

이러한 사회적, 기술적 아키텍처가 결정되고 조직의 전체적인 관점에서 구성요소들이 서로서로 어떻게 기능해야 하는지에 대한 이미지가 형성되도록 해야 한다. 또한, 구체적인 실행계획을 수립하고 모니터링 체계를 마련해간다. 구체적으로 실행하기 위한 액션플랜을 설정하고 누가 그 역할을 담당할 것인지를 결정한다.

다섯째, '실행하기(Destiny)' - AI의 마지막 단계로서 구체화한 미래의 이상적인 조직의 모습을 실현하기 위해 현재 우리가 무엇을 해야 하는지를 찾아서 실행함으로써 조직의 긍정적인 역량을 강화해 나가는 것이다.

AI 프로그램을 통해 무엇이 변화되었는지를 성찰해보고, 의미 있는 부분에 대해 공유하도록 한다. 이러한 변화는 참여한 사람들을 인정하고 존중하는 과정을 통해 성취감을 느끼고 지속적인 변화를 해 나가야 한다. 설계된 꿈을 이루기 위해 실행하고, 실행한 것을 바탕으로 현장학습을 하면서 개선과 혁신을 하고, 성취한 것을 축하하고 나누며 지속적인 변화와 발전을 가능하게 한다.

세부적으로 설계된 요소들을 바탕으로 설정된 조직의 바람직한 미래 이미지를 조직 내 전달하고 공유한다. 이 과정은 마치 재즈그룹의 연주와 같이 때로는 즉흥적이며, 지속적인 학습과정이자 조정과정이다. 혁신에 대한 모멘텀과 잠재성이 촉발되고 모든 사람이 미래를 창조하기 위해 참여하게 된다. 조직시스템, 절차, 업무수행방식 등에 있어서 '긍정의 눈'을 확고하게 정착시킨다. 예컨대, '평가부서(Evaluation Dept)'를 '가치관리부서(Valuation Dept)'로 바꾸는 것이다. 단지 'E'라는 알파벳 하나를 제거하는 것으로 평가부서라는 부정적인 이미지를 새롭게 변화시킬 수 있다. 이러한 변화가 조직 내에서 일어나도록 하는 것이다. 예컨대, 리더십 프로그램, 다양성 관리, 전략개발, 평가시스템, 의견조사 등의 모든 영역에서 보다 흥미롭고, 에너지가 충만할 수 있도록 하는 것이다. 이 단계는 한 순간에 끝나는 프로세스가 아니라 지속적인 프로세스다. 지속적인 대화와 성찰이 일어나고 가능성에 대한 토론이 업데이트되며, 조직의 새로운 구성원에 대한 인터뷰가 추가적으로 일어나야 한다는 것이다. 그리고 이러한 변화가 지속성을 갖도록 노력해야 한다.

이상으로 5D 프로세스에 대하여 살펴보았는데, 다음 장에서 보다 세부적인 가이드라인을 제시한다.

AI의 기대효과

AI를 통하여 우리가 얻을 수 있는 기대효과는 무엇일까?

- AI는 프로세스와 결과에 대한 주인의식을 높인다. 이상적인 AI 프로세스는 거의 모든 사람들을 참여시키고 그들 간에 능동적인 대화와 협력이 일어나도록 돕는다. 프로세스가 퍼실리테이터의 지원 아래 진행되지만, 변화의 산출물은 구성원들의 집합적인 경험, 지혜, 자원들에 의해 만들어진다. 외부의 전문가나 컨설턴트가 답을 내려주고 산출물을 정리해주는 것이 아니다.

- AI는 다양성을 존중하고 개방성을 강조한다. 모든 사람들로부터의 목소리를 듣고 의견을 모은다. CEO부터 직원에 이르기까지 다양하게 참여하고 아이디어를 나누고 그들의 훌륭한 경험과 가치들을 토론하는 장을 만든다. 핵심멤버만을 중심으로 하지 않는다. 다양성에 대한 존중이 보다 풍부한 해결책을 얻어낼 수 있다고 믿는다.

- AI는 복잡한 상황에서조차 즉각적인 변화를 이끌어낸다. 어떤 것을 조사하고 탐색할 때 그와 동시에 변화가 시작된다. 통찰력 있게 구조화된 질문은 조직구성원들에게 그들의 과거를 돌아보고 좋은 경험과 장점을 발견하며, 이에 기반하여 미래를 내다보게 한다. 그것에 에너지를 모으고 동기부여하며, 창의적이 되도록 이끈다. 긍정의 에너지가 넘치도록 하고 다이내믹하게 만들어준다. 모든 프로그램이 끝난 후에 변화를 느끼는 것이 아니라 프로그램의 시작과 동시에 변화가 일어나기 시작하는데, 이것이 기존의 여러 변화 프로그램과 본질적으로 다른 것이다.

- AI는 계속 유지된다. 그것 자체로 긍정적인 에너지를 유지함으로써 변화의 지속성을 갖도록 도와준다. 변화가 외부에서 일어나거나 압력 때문에 이루어진 것이 아니라 그들의 과거 경험에 대한 탐색, 자신들의 참여에 의한 개발을 통해 이루어지므로 더욱 지속성을 갖게 된다. AI의 프로세스는 지속적인 순환사이클을 가지고 있다. 프로그램이 끝난다고 종결되는 것이 아니라 '긍정조직', '강점조직'으로 끊임없는 진화가 이루어진다. 이러한 과정 속에서 참여자들은 학습되고 성장한다.

- AI는 현실에 기반한 해결책을 제시해준다. 조직이나 공동체의 현실과 동떨어진 것이 아니다. 아무리 이상적인 해결책이라도 현실을 무시해서는 실행해 나갈 수 없을 것이다. 그러나 AI는 과거의 경험을 고찰하고, 현재의 자원들의 최적화를 고려하며, 미래의 이미지를 그려 나간다. 추상적인 원칙에 의한 것이 아니라 집단적인 경험으로부터 탄생하고 성장하는 것이므로 보다 현실적이다.

AI의 성공요인

AI는 '사람'의 문제에 관한 최적의 솔루션으로서, 달성하려는 목표나 의사결정의 산출물이 사전 정의된 것이 아닌 개방적인 경우에 효과적이다. 특정 인력에 의한 의사결정을 위한 도구로는 부적절하다. 또한,

사람의 문제가 아니라 기술적인 문제의 해결을 위해서는 기존의 전통적인 문제해결기법이 더 유용할 수 있다. 다음은 일반적으로 AI가 성공하기 위한 공통요소들이다. AI가 진정으로 성공하기 위해서는 다음과 같은 요건들의 충족이 반드시 필요하다.

1. 이해관계자 간 개방적이고 참여적인 접근법을 활용할 준비
2. 조직이나 공동체의 모든 레벨에 있어서의 광범위한 참여
3. 데이터와 사실을 다양하게 해석할 수 있음을 인정하는 개방성
4. 탐색에 필요한 충분한 시간을 투입하려는 의지와 환경
5. 프로세스와 산출물을 신뢰하는 의지
6. 강점을 지지하는 언어의 사용
7. 가치의 탐색 및 중시: 친절, 사랑, 용기, 감정, 관대함
8. '사람과 조직이 지혜의 원천'이라는 믿음

3

긍정조직혁명(AI)
프로세스

"꿈을 꿀 수 있다면, 그것을 할 수도 있다."

월트 디즈니

준비단계

이미 말한 것처럼 AI는 5단계의 프로세스를 거쳐 진행된다. 사전준비를 거쳐 1단계는 '테마발굴', 2단계는 '발견하기(Discovery)', 3단계는 '꿈꾸기(Dream)', 4단계는 '설계하기(Design)', 5단계는 '실행하기(Destiny)'로 이루어진다. 여기에서는 AI를 추진할 경우 단계별로 어떠한 과업들이 수행되며, 또한 고려해야 할 사항은 무엇인지를 살펴보고자 한다.

사전단계에서 해야 할 일(Pre-Planning)

사전 준비단계는 조직구성원들에게 AI가 무엇이고 어떤 효과를 발휘할 것인지에 대해 충분히 알리는 노력이 필요하다. AI에 대해 조직구성원들에게 충분히 알리고, 긍정과 질문 등 AI의 기본 철학과 사상을 다양한 방법을 통하여 알려야 한다. 현재 조직에서 수행하는 기본적인 변화노력과 방법이 AI와 어떻게 차이가 있는지를 미니 워크숍 세션 등을 통해 충분히 알리고, 일부 사례를 골라 소개함으로써 AI의 기대효과를 알린다. 특히, 감동적인 스토리를 알리는 것이 효과적이다. 이와 더불어 경영진이 AI에 대한 충분한 인식을 가질 수 있도록 하는 노력이 필요하다. 필요하다면, 외부의 AI 전문가를 참여시켜 분위기를 조성시키는 것도 한 방법이다.

추진팀의 구성은 AI의 본격적인 추진을 위해 필요한데, 보통 다양한 조직에서 온 8~12명 정도로 구성된다. 추진팀은 구체적으로 어떻게

AI 프로그램을 추진하고, 어떻게 구성원들을 참여시킬 것인지를 고민해야 한다. 구성원들에게 다양한 방법을 통해 홍보와 참여를 유도하는 노력이 필요하다.

또한, AI 프로젝트를 추진하기 전에 다음의 항목들에 대한 사전 검토를 해야 한다. 다음의 질문들은 상황분석을 위한 사전 점검 사항들이다.

첫째, 먼저, 참여적 프로세스에 대해 이해관계자들이 얼마나 이해를 하고 있고, 익숙해 있는지를 점검한다. 다음의 '참여적 접근방법 진단'을 통해 가장 낮은 단계에서 높은 단계까지 5점 척도로 평가해본다. 참여적 프로세스는 AI의 가장 핵심적인 요소 중 하나이므로 이에 대한 조직 전반의 이해도 및 수준을 이해하고 AI를 진행시키는 것이 바람직하기 때문이다.

참여적 접근방법 진단

참여도의 진단 척도(A Continuum of Participation)

1. 수동적 참여(Passive Participation) : 강력한 외부의 이해관계자 또는 경영진의 의사결정으로 구성원들이 참여하는 수준. 참여자들은 어떠한 방식으로든 이미 발생했거나 발생하고 있는 것들에 대하여 참여하게 됨. 수동적인 참여로 자율성도 떨어지고 적극적인 의견개진이

나 의사결정이 어려운 수준.

2. 정보 제공에 의한 참여(Participation by Information Giving) : 외부 이해관계
   자나 프로젝트 추진팀에 의해 제시된 질문에 대하여 응답하는 수준.
   사실 정보를 공유하거나 의사결정에 영향을 미치는 기회를 갖지는
   못함.

3. 자문에 의한 참여(Participation by Consultation) : 외부의 설득과 조언, 자
   문에 의한 참여가 이루어지는 수준. 외부 이해관계자들은 그들의 지
   식과 관심을 고려하고 문제와 그에 대한 해결책도 정의해냄. 단지
   참여자들은 그들의 의견을 과정에 반영시킬 수 있음.

4. 기능적 참여(Functional Participation) : 외부 이해관계자에 의한 프로그
   램의 제한된 목적에 부합하도록 집단을 형성하여 참여하도록 하는
   수준. 참여는 기회단계에서 이루어지는 것이 아니라 기본적으로 의
   사결정이 이루어진 후에 참여가 이루어짐. 참여자들은 외부 추진자
   들에 의해 다소 의존적일 수 있음.

5. 상호대화형 참여(Interactive Participation) : 참여가 적극적으로 이루어지
   고 상호 충분한 의견교환이 이루어지는 수준. 참여자들은 의사결정
   에 대한 통제능력을 보유하고 영향력을 미치게 됨.

6. 자율참여(Self-Mobilization) : 자체적인 주도적 이니시어티브를 보유하
   며, 외부 컨설턴트 등은 퍼실리테이션만을 수행하는 것으로 독립적
   인 판단, 의사소통, 적극적인 참여, 능동적 과업 수행이 이루어짐.

둘째, 이해관계자가 누구인지를 파악해보아야 한다. 공동체 또는 조

직에 속해 있는 모든 사람들을 정리해본다. 연령, 성별 등 모든 배경을 가진 사람들을 포함하도록 한다. 어느 인력이 프로세스에 포함되고 있지 않은지, 포함되어 있지 않다면 그들을 어떻게 포함시킬 수 있는지를 검토해야 한다. AI는 다양성을 중시한다. 조직 내 모든 구성원들이 충분히 참여할 수 있도록 해야 하며 소외되는 일이 없도록 하는 것이 바람직하다고 보기 때문이다.

셋째, 각 이해관계자들이 정보를 해석하는 다양한 방법에 개방적인지를 점검한다. '각 참여그룹이 개방적인가? 아니면 폐쇄적인가?'에 대하여 검토해보아야 한다. AI는 개방적인 정보교환과 공유를 기본으로 한다. 따라서, 이러한 준비가 충분한가를 점검해보아야 한다.

넷째, 각 이해관계자가 AI에 참여할 충분한 시간을 가지고 있는가를 점검한다. 예를 들어 매달 2시간 이상씩 시간을 할애할 수 있는지, 또는 2주에 2시간 이상씩을 할애할 수 있는지 등을 점검한다. 또한, 시간이 충분한지를 검토해야 한다. 자칫 AI가 시간에 쫓겨 형식적으로 흘러갈 수 있기 때문이다.

다섯째, 참가자들이 AI 활동을 통하여 진정으로 얻고자 하는 결과물이 무엇인지를 파악할 필요가 있다. 또한 이를 위해 어떠한 부분, 예컨대 시간, 자금 등에 보다 더 노력을 기울이고자 하는지를 파악해보아야 한다.

이러한 모든 과정에서 특히 유념해야 할 점은 경영진이 AI 프로세스의 철학과 방향을 받아들이느냐는 것이다. 그리고 AI가 그들의 변화영역에 효과적이고 적절한 방법인지에 대한 확신을 가지고 있느냐는 것이다. 고객만족, 직무수행의 질 개선, 팀 빌딩, 파트너십 강화 등 평소 관심을 두고 있는 사항에 대한 AI의 도입 효과에 강한 의지를 가지고 있어야 한다는 점이다.

경영진의 변화인식과 AI에 대한 도입결정이 이루어지면, 추진팀이 구성되고 이러한 추진팀은 전체 조직의 대표성을 갖게 된다. 그러면 추진팀은 어떠한 역할을 수행해야 할까?

- 추진팀은 먼저 AI의 컨셉과 프로세스에 대하여 충분한 교육훈련을 받아야 한다. 특히, '긍정의 인터뷰'를 수행하는 방법에 대해 충분한 훈련이 되어야 한다.
- 3~5개의 핵심 테마를 도출하는 데 노력을 기울여야 한다. 테마는 궁극적으로 AI의 향후 프로세스의 모든 것을 좌우하는 중요한 것이므로 추진팀은 이 부분에 각별한 노력을 기울여야 한다.
- 인터뷰의 대상, 범위 등 전체 추진 프레임워크를 선정하고 인터뷰 대상이 되는 사람들에 대한 특성을 충분히 조사해야 한다.
- 인터뷰 대상자를 확정하면 '인터뷰 질문서(Appreciative Protocol)'를 개발하는 데 노력을 기울여야 한다. 이것은 인터뷰에 대한 계획과 질문 내용을 담고 있다. 인터뷰가 다수에 의하여 수행되기 때문에 공

통의 기준과 가이드라인을 설정하는 것이 중요하다.

- 인터뷰 질문서를 통해 테스트를 하고 그 결과를 분석하여 피드백하며, 필요하다면 수정을 가하는 노력을 할 필요가 있다.

AI 추진 조직의 구성과 역할

역할구분	실시 전	실시 중	실시 후
리더십 자문팀	AI에 대한 이해 AI에 대한 접근법 채택(씨 뿌리기)	AI 스폰서가 됨 중요한 의사결정 수행 조직의 지위를 벗어나 동일하게 참석하여 의견 개진과 토론 3~5명 정도의 경영진	다른 테마 후보의 검토 및 확산 적용 검토 긍정적인 조직문화 정착 성과에 대한 분석 및 피드백
퍼실리 테이터	AI에 대한 소개 AI에 대한 성공사례 소개 AI에 대한 관심유도 및 공감대 형성	AI 대상자 교육 핵심팀 지원 및 코칭 AI 과정 퍼실리테이션 단계별 포인트 제시 산출물의 효과적 관리	조직의 변화 지원 실행계획의 모니터링 및 피드백 핵심팀의 가이드
핵심팀	AI에 대한 이해	긍정적 테마 선정 인터뷰 가이드라인 작성 역할 모델 수행	조직, 사회적 구조 설계 실행계획의 모니터링 및 피드백 참여자의 가이드
참여자	AI에 대한 이해	강점, 가치 발견과 탐색 꿈꾸기의 '도발적 제안' 이상적인 미래 모습 설계 과제 추진 계획 수립	실행계획 실시 AI 가치화, 방법의 일상화

AI 추진자의 고려사항

• 기존의 패러다임과 새로운 패러다임의 변화에 대한 것을 충분히 고려하고 이러한 변화가 조직 내에서 충분히 인식되도록 해야 한다. 기존의 계층적 패러다임을 참여적 패러다임으로 전환하고, 부정적 인식과 사고의 관점을 긍정적 인식과 사고의 관점으로 과감히 전환할 수 있도록 한다. 이러한 패러다임의 전환은 기존의 사고나 행동과 충돌을 일으킬 수도 있음을 고려하고, 이를 극복하기 위한 방안을 찾아야 한다.

• 조직 변화를 위한 대규모 퍼실리테이션 상황에서 거시적인 프로세스 프레임과 미시적인 전략을 균형적으로 적용하려 노력해야 한다. AI의 5D 프로세스를 준수하되 각 단계에서 이루어지는 활동에 있어 장애요인, 위험요인, 함정 등을 충분히 고려하여 원활하게 모든 활동이 진행되어야 한다.

• AI의 지식과 스킬을 부단히 학습해야 한다. 긍정 마인드 셋을 가질 수 있도록 하는 퍼실리테이션 능력을 확보해야 하고, 대규모의 AI 변화 프로세스 참여를 효과적으로 이끌어야 한다.

• 다양성을 관리해야 한다. 민주적인 철학과 방식을 준수해야 하며, 다양성 속에서 보다 가치 있고 의미 있는 결과가 나올 것이라는 믿음을 가져야 한다.

- 변화를 위한 지속적인 에너지를 유지해야 한다. 처음에는 에너지가 넘치지만 어느 순간 열정이 식고, 추진력을 잃어 처음에 의도했던 목표를 달성하지 못하는 경우가 많다. 따라서, AI 추진자는 에너지가 지속되도록 열정에 불을 피워야 한다.

- 전략, 구조, 문화 등의 통합적 노력을 지속해야 하며, 비전이 공유될 수 있도록 노력해야 한다. 테마를 구체화하고 해결책을 세우는 데 있어서 이러한 관점이 지속되도록 해야 한다.

- 모든 사람의 참여를 통하여 책임이 공유되고 있음을 알려야 한다. 프로그램의 결과가 AI 추진자들의 몫이 아니라 전 참여자의 몫임을 강조하여 주인의식을 고양하고 적극적인 참여를 이끌어내야 한다.

마지막으로 이 단계에서는 다음의 사항들을 검토해보아야 한다.

- AI가 우리에게 적절하며 경영진이 이 방법의 적용에 동의했는가?
- 추진팀은 어떻게 구성할 것이며, 누가 적절한가?
- 추진팀에게 AI의 이해와 참여적 프로세스를 어떻게 교육할 것인가?
- 참여형식은 어떠한 방식을 선택할 것인가?
- 조직에 AI를 어떻게 전파하고 공감대를 형성할 것인가?
- 변화의 주제는 무엇인가?

• 향후 진행 프로세스는 어떻게 할 것인가?

Stage 1 : 테마 정의하기(Define)

준비가 끝나면, 본격적으로 긍정적 테마를 정한다. 이것은 향후 진행될 모든 프로세스 단계에 영향을 미치는 매우 중요한 사안이므로 신중을 기하여 충분한 시간을 갖고 결정해야 한다. 이러한 테마는 '발견하기(Discovery)' 단계의 긍정적 질문과 인터뷰에서 탐색할 내용을 좌우하게 된다. 이는 조직변화의 주제가 될 수 있다. 크게는 사업의 방향과 전략부터 작게는 직원의 이직방지와 같은 특정 이슈가 주제가 된다. 테마도 부정적인 의미를 갖는 것보다는 긍정적인 언어로 변환시키는 노력이 필요하다. 예컨대, 조직 구성원의 이직 방지는 '조직몰입을 위한 방안', '즐거운 일터를 만들기 위한 방안' 등으로 전환시키는 것이 바람직하다. 그리고, 가능하면 추상적인 언어보다는 구체적인 행동의 가이드라인을 제시하는 용어를 사용하는 것이 바람직하다.

팀 구성과 AI에 대한 이해를 바탕으로 적절한 테마를 선정하는 작업을 수행하게 되는데, 주요 테마를 선정함에 있어서는 여러 가지 검토해야 할 사항들이 있다.

먼저, 테마의 범위에 대한 적정성을 고려한다. 예를 들어, 커뮤니티 개발 및 변화 프로그램의 시나리오를 보자. 일반적으로 너무 좁은 사안은 일을 추진하는 데 있어 새로운 방법으로 꿈을 만들 기회를 제한하는함정이 될 수 있다. 개발업자가 사용하지 않은 지 오래된 공공 건물을 콘도로 개조하려는 것에 대한 조사를 해왔다고 생각해보자. 이경우 테마를 탐색하는 데 있어 핵심가치, 원리, 이해관계자의 관심 등을 충분히 고려하는 것이 가장 중요하고도 필요한 작업이다. 만일 "어떻게 빈 공공건물을 콘도로 전환할 수 있을까?"라는 질문은 참가자들에게 제약을 주는 것이다. 콘도로 개조하는 것에 동의하지 않는 많은 사람들은 이러한 테마의 논의에 참여하지 않을 것이기 때문이다.

무엇이 이해관계자들에게 보다 광범위한 관심을 불러일으킬 수 있을 것인가? 아마도 보다 의미 있는 테마는 "개발회사, 우리의 이웃들, 그리고 다른 이해관계자들이 어떻게 함께 일할 수 있을까?"라는 질문일 것이다. 아니면, "빈 공공건물이 이 지역에서 가장 좋은 미래의 모습을 보여줄 수 있을 것인가?"라고 질문을 던지는 것이다. 유일하고도 올바른 테마는 없다. 다만, 지역사회 또는 조직, 시기, 환경 등을 충분히 고려하여 적합하다고 판단되는 테마를 발굴하는 데 노력을 해야 할 것이다.

다음으로, 테마는 긍정적인 말이어야 한다. AI의 본질적인 원리가 긍정성의 원리를 따르는 것처럼, 테마도 긍정의 말로 표현되어야 한다. 긍정적 테마가 긍정의 질문을 이끌고 긍정의 질문이 긍정의 문화, 미래, 가치를 탐색하도록 해줄 것이기 때문이다.

테마를 발견하고 분석하기

개인이나 조직에 생명을 불어넣는 요소를 탐색해보자. 그러한 요소를 포함하는 스토리를 찾아보도록 하자. 그리고 이러한 테마를 다양하게 표현해본다. 글, 그림, 심볼, 이미지로 나타내보고, 서로 공유한다. 이러한 테마들은 긍정적으로 표현되며, 조직의 미래상을 보여주고 강화하고자 하는 것이어야 한다. 또한, 참여자들의 학습을 촉진시키며, 미래에 대한 구심점을 제시해주어야 한다. 다음은 테마를 발견하기 위한 가이드라인이다.

AI 테마를 발견하는 가이드라인

- 조직이나 그룹이 학습하고 탐구하고자 하는 것이 무엇인지부터 시작한다.
- 누군가 그들에게 요구하는 것이 아니라 스스로 초점을 찾고 선택하도록 한다.
- 다양한 논의로부터 테마를 선별하는 것이 매우 어려운 작업일 수 있다는 것을 기억해야 한다. 분명한 기준과 선택의 자율성을 동시에 고려해야 한다. 동떨어진 이야기들이 초점의 중심이 되지 않도록 하기 위한 노력이 필요하다.

- 조직이나 그룹이 적절한 책임과 임무를 떠맡을 수 있다는 것을 상기시켜야 한다. 그저 아이디어만을 내놓고 뒤로 물러서서 바라만 보는 것이 아니라 그들이 선택하고 시작한 테마가 변화의 흐름에서 지속적으로 영향을 미친다는 점을 상기시켜야 한다.
- 테마가 분명한 의미를 가지고 이해될 수 있어야 한다. 분명한 테마가 향후 단계에서 질문의 방향성을 제시하기 때문에 모호하거나 깊게 탐색되지 못한 테마는 자칫 잘못된 질문으로 흘러갈 수 있다.
- 대규모의 AI 프로그램에서 테마를 선정하는 데만 하루나 이틀이 걸릴 수도 있다. 다양한 사람들이 참여하고 대규모의 조직이나 집단일수록 보다 많은 의견이 나오고 토론될 것이므로 관심 있는 테마 선정에 보다 많은 시간이 소요될 수 있다.
- 테마가 너무 일반적이라면 좀더 깊고 세밀하게 생각할 수 있는 기회를 가지도록 해야 한다. 예컨대, '협력'이라는 테마는 너무나 일반적이고 광범위하다. 따라서 보다 세분화된 테마가 될 수 있도록 도와야 한다.
- 테마는 2개 이상일 수 있으나 아무리 큰 AI 프로그램에서도 5개를 넘지 않도록 해야 한다.

테마는 조직에서 생명력을 불러일으키고 성공적인 경험으로부터 나오는 스토리에서 발견되는 것임을 강조한다. 때때로 그것은 주요한 아이디어들을 연계시키는 것이 될 수 있을지도 모른다. 왓킨스와 모어

(Watkins and Mohr)의 "테마는 인터뷰에서 밝혀진 아주 성공적이고 기념할 만한 순간이 마치 조직의 규범이 될 수 있도록 이미지화시키는 기초를 제공한다"는 말에 주목할 필요가 있다.

테마는 그들이 경험한 가장 훌륭한 성공, 즐거움, 행복한 순간 등을 상기시킨 이야기들 속에 현재하고 있는 아이디어와 개념들이다.

테마 선정 실습

성공에 기여를 한 조건과 요소들을 밝혀내는 것이 특히 중요하다는 것을 상기하라. 이러한 테마를 발견하기 위해 약 30~40분 동안 생각을 정리해보라.

• 조직의 다양한 이야기 속에서 생명력을 불러일으키는 힘은 무엇인지를 찾아라.
• 조직이나 집단의 이야기 속에서 생명력을 이끄는 힘으로 보이는 3~5개의 테마를 결정하라. 처음에는 숫자적 제한을 두지 말고 자유롭게 많은 아이디어를 발견하도록 독려하라. 일단은 많을수록 좋다.
• 각 그룹이 그들의 테마를 적도록 한다.
<테마들>
1.
2.

3.

4.

5.

모든 것이 끝나자마자, 발견된 모든 테마를 정리한다. 이때 비슷한 테마를 정리하지 않아도 된다. 후에 중요성을 감안하여 비슷한 테마를 통합하여 정리할 수 있을 것이다.

다음으로, 동일한 색의 4~5개의 스티커를 각 참여자들에게 나누어준다. 모든 차트를 테마 후보들이 주의 깊게 읽을 수 있도록 5분 정도의 시간을 준다. 각각 테마당 여러 개가 아닌 단 하나의 스티커를 붙이도록 하고, 자신이 가진 4~5개의 스티커를 활용하여 테마를 선택하고 스티커를 붙이도록 한다. 이 시점에서 참여자들은 가장 선호하는 관심 영역을 볼 수 있게 된다.

테마는 스토리에 있어 생명력을 불러일으키는 힘을 발견하는 통찰력을 가지게 될 것이다. 그것은 긍정적인 미래를 설계하는 기초를 제공한다. 조직이나 그룹은 이러한 테마를 바탕으로 긍정의 '도발적 제안'을 작성하게 될 것이다.

〈테마의 예〉

다음은 주요 테마의 예들을 소개한 것이다. AI의 과정에서 일반적으로 참여자들에 의해 발견되는 생명력 있는 요소들의 예다. 테마는 집단 스토리가 될 수 있고 목적과 비전을 발견하도록 돕는 '성공의 감정'에 관련된 부분들일 수도 있다. 테마에 관한 특정한 규정은 없다. 그것은 전적으로 참여자들이 자신이 속한 조직에 생명력을 불어넣는 요소에 대한 선택과 의사결정인 것이다.

AI 추진자는 참여자들이 조직에서 바라는 기대, 가치, 꿈 등을 이끌어내도록 도우면 된다. 답은 없다. 단지, 그 조직에 가치 있는 것이면 된다. 다음의 초점은 테마를 발굴해내는 렌즈와 같은 역할을 하는 예들이다. 테마는 이보다 구체화되면서 정리될 것이다.

초점 : 조직 또는 공동체와 참여적 접근법을 사용하는 경험
• 협력
• 상호교류
• 투명성
• 상황을 개선하려는 의지
• 참여
• 협업

초점 : 팀의 강화
• 자유로운 분위기
• 서로를 체크하고 피드백

- 공유된 역할
- 선호하는 느낌

초점 : 업무현장에서의 변화
- 효과적이고 시의적절한 의사결정
- 리더십 스타일의 개발
- 효과적인 의사결정을 위한 집단 경험의 활용

초점 : 조직에서의 직무 경험
- 집단적으로 일을 수행하기
- 긍정적인 분위기에 참여
- 직무에서 혁신과 창의력 발휘

모든 조직이 과거에 가지고 있었던 가치를 강조한다. 중단, 간섭, 실패, 무기력 등을 뿌리치고 긍정적인 변화가 일어나도록 과거의 가치요소들을 활용하는 것은 매우 중요한 일이다. 이러한 가치요소들을 '조직의 긍정적 핵심요소(Organization's positive core)'라고 하며, 테마는 이러한 요소들을 어떠한 형태로든 반영하게 된다. 다음은 이러한 긍정적 핵심요소의 예들이다.

- 성취, 성공적 체험

- 전략적 기회

- 제품의 강점

- 기술적 자산

- 혁신

- 최상의 비즈니스 실행행위

- 긍정적 감정

- 재무적 자산

- 협력적 순간

- 조직의 지혜

- 핵심 역량

- 가능성의 비전

- 중요한 전통과 가치

- 사회적 자본

- 내재된 지식

- 비즈니스 에코시스템, 즉 공급자, 파트너, 경쟁자, 고객 등

여기에 속한 모든 것은 조직에 있어 우리에게 만족을 주며, 노력과 에너지를 집중하도록 해주며, 자부심을 갖게 하는 것들이다. 우리는 여기서 좀더 하고 싶어하는 것들을 발견해낼 수 있을 것이다.

마지막으로 이 단계에서는 다음의 사항들을 검토해야 한다.

- 어떠한 방식으로 테마를 선택할 것인가?
- 테마 선정에 누구를 참여하도록 할 것인가?
- 테마의 적절성을 어떻게 평가할 것인가?
- 선정된 테마를 어떻게 공유할 것인가?

Stage 2 : 발견하기(Discovery) 단계

'발견하기(Discovery)' 단계는 1:1 인터뷰를 통하여 무엇이 가장 좋은 것인지에 대하여 학습할 기회를 활용하는 것이다. 조직이나 공동체에서 '가장 훌륭한 최고의 경험'에 대한 스토리를 공유하게 하고 조직의 기능이 가장 잘 운영되고 있을 때에 대하여 이야기해준다. 또한 그들의 강점과 자원들에 대해서도 이야기할 기회를 제공한다. 일반적으로 인터뷰는 "~에 대한 이야기를 말해주시겠습니까?"로 시작된다. 참여자들은 이 과정을 통해서 그들의 우수성, 성취경험 등을 이야기하고 최상의 경험에 공헌하는 요소들을 분석함으로써 테마를 분명히 이해하게 된다.

'발견하기(Discovery)' 단계에서는 긍정적 테마에 대한 인터뷰를 준비하고, 실시하고, 인터뷰 결과를 정리하여 공유한다. 인터뷰를 잘 하기 위해서는 긍정적 테마에 어울리는 긍정적인 인터뷰 질문을 해야 한다. 보통 2~5개 정도의 핵심 질문들을 선정한다. 간단한 도입부 설명을 시작으로 테마와 연결된 핵심질문으로 들어간다. 예컨대, 커뮤니티 개발 및 변화의 경우에 대한 질문을 보면 다음과 같다.

질문

1. 우리 지역공동체가 개발업체와 일한 가장 좋은 경험은 무엇이었는지 말씀해주십시오.

2. 어떤 환경이 긍정적인 경험으로 이끌었나요?

3. 개발업체는 긍정적인 작업관계를 유지하기 위해서 무엇을 했습니까?

4. 이러한 관계를 위해서 지역공동체 사람들은 무엇을 했습니까?

5. 현재 상황에 이러한 경험을 적용한다면 어떠한 시사점을 얻을 수 있을까요?

6. 향후 그러한 경험들을 보다 긍정적이고 건설적으로 활용할 수 있다면 어떻게 해야 할까요?

7. 공동체와 개발업체가 함께 성공적으로 미래를 만들어 간다면 어떠한 모습일까요? 이러한 관계를 구축하기 위해서 해야 하는 3가지 일은 무엇입니까?

효과적인 질문의 방법

질문은 핵심가치를 이끌어내며, 혁신과 실행을 촉진시키는 역할을 한다. 질문은 궁금한 것을 알기 위한 소극적 의미의 질문이 아니라 상대방이 자신의 좋은 경험, 성공스토리를 잘 생각해내도록 돕는 일이다. 열린 분위기에서 긍정적인 질문을 던지고, 상대방이 이에 대한 경험, 가치, 성공체험 등을 이야기하도록 유도한다. 과거, 현재, 미래의 흐름에 따라 진행되도록 하는데, 먼저 과거의 성공적인 경험을 떠올리는 질문을 한 뒤, 현재 그 경험에서 배운 것이나 성공에 영향을 미친 요소들을 어떻게 적용할 수 있는지를 질문하고, 마지막으로 미래의 모습에서 가장 이상적인 이미지를 그려내도록 질문한다.

무엇을 질문해야 하는가?

AI 프로세스의 성공은 질문에 달려 있다고 할 수 있다. 질문은 우리를 어떤 방향으로 이끌어간다. 인터뷰 프로세스는 조직이나 집단을 긍정적이고 삶에 생명력을 주는 방향으로 이끄는 질문들을 포함한다.

다음의 질문들은 AI를 통해 얻고자 하는 바를 제시해준다. 이러한 내용들이 질문에 적절히 반영되도록 하며, 필요할 때 이러한 질문들을 가감할 수 있을 것이다.

첫째, 가장 좋은 경험(Best Experience) : 여러분의 조직 또는 공동체에서 가장 좋았던 시기에 대해 말씀해주십시오. 여러분의 조직생활에 있어서 가장 생동감 있고, 활발한 참여가 이루어지고, 가장 흥분되고 기뻤던 때가 언제인지를 회상하고 자세하게 그에 대한 이야기를 들려주십시오.

둘째, 가치(Values) : 여러분에게 가치 있는 것은 무엇입니까? 특히, 여러분 자신과 여러분이 속해 있는 조직이나 집단에 대하여 생각해보십시오. 여러분의 성공과 최상의 성과 창출에 기여를 하고 있는 가치는 무엇이었습니까?

셋째, 생명력을 불어넣는 핵심 요소(Core Life-Giving Factor): 여러분은 여러분의 조직에 생명력을 불어넣는 요소나 가치는 무엇이라고 생각합니까? 그러한 이벤트나 사례가 있었다면 이야기해 주십시오.

넷째, 3가지 바람(Three Wishes): 만약 여러분이 속해 있는 조직이나 집단을 위한 3가지 바람이 있다면 무엇인지 말씀해주십시오.

질문의 유형에는 무엇이 있는가?

첫째, 개인적인 질문(Personal Questions)
- 여러분의 삶 속에서 가장 특별하다고 생각되는 경험을 말씀해주십시오. 무엇이 그것을 특별하게 만들었습니까?
- 여러분이 어떤 것을 이루기 위해 중요한 장애물들을 극복했던 때는 언제인지 말씀해주십시오. 그때 느낀 감정은 어떠했나요?

둘째, 내면을 들여다 보는 질문(Internally-looking Questions)
- 여러분이 집단의 일부로서 가장 흥분되고 활발하게 느꼈던 때는 언제인지 말씀해주십시오.

- 여러분의 집단이 새로운 방식으로 중요한 것을 성취한 때를 말씀
해주십시오. 무슨 일들이 일어났었는지를 상세히 말씀해주십시오.

효과적인 인터뷰를 수행하는 방법

인터뷰를 잘 하기 위해서는 인터뷰 가이드를 만드는 것이 좋다. 인
터뷰 가이드는 전체 인터뷰 수행자가 일정한 눈높이를 맞추고 테마에
서 얻고자 하는 것을 도와주는 팁을 제공하기 때문에 필요하다. 이러
한 가이드가 완성되면, 해당 인터뷰 수행자들에게 배포되고 교육훈련
을 통해 학습하도록 해야 한다. 인터뷰 가이드에는 인터뷰의 일반적인
요령부터 인터뷰 단계별 활동 및 지침, 인터뷰 결과의 정리, AI 인터뷰
상의 질문 개발의 요령과 예시 등을 포함하고 있어야 한다. 가능하면
사례 등을 포함하고 유의할 사항들을 언급해두는 것이 좋다. 긍정적인
인터뷰가 될 수 있도록 유도하고, 부정적인 질문이나 상황을 극복해
나가는 요령도 포함되어야 한다.

다음으로, 인터뷰 계획을 수립한다. 누가 참여하고, 어디에서, 어떠한
방식으로 진행할 것인지를 정의해야 한다. 참여 대상은 다양해야 하며,
되도록이면 외부의 이해관계자들도 포함시키는 것이 바람직하다. 이
해관계자가 다양할수록 많은 경험과 이야기를 얻어낼 수 있고, 조직의
소속감을 강화시킬 수 있다.

인터뷰를 가이드에 따라 실시하고, 그 결과를 정리하여 공유하는 시

간을 갖는다. 스토리는 다양하게 정리되어 공유될 수 있는데, 되도록이면 포스터나 사례집 등을 통해 하는 것이 좋다. 다양한 창구 예컨대, 홈페이지, 휴게실 등에서 공유할 수 있도록 게시한다. 인터뷰에서 얻은 결과를 바탕으로 긍정적 핵심 가치들을 발굴하는 작업을 진행한다. 이 스토리 속에서 가장 좋은 경험(Best Experience), 가치(Values), 생명력을 불어넣는 핵심 요소(Core Life-Giving Factor), 바람(Wishes) 등을 이끌어낸다.

인터뷰 가이드라인(Interview Guidelines)

존 브래디(John Brady)는 "인터뷰는 가장 겸허하고 즉각적으로 신뢰와 정보를 얻어낼 수 있는 과학이다"라고 말했다. 인터뷰는 대인 커뮤니케이션의 중요한 수단으로서 짧은 시간 내에 필요로 하는 중요한 정보들을 얻어낼 수 있는 유용한 도구다. AI의 '발견하기(Discovery)' 단계에서 인터뷰는 매우 중요한 역할을 수행한다. 인터뷰는 참여자의 집중을 유도하고 관계와 감정의 공유에 기반하여 이루어진다. 다음의 지침을 활용하여 성공적인 인터뷰가 되도록 한다.

- 인터뷰 대상자를 적절하게 선정한다. 당신이 알고 있거나 아니면 잘 모르는 사람이라도 상관 없다.
- 약 45분을 기준으로 인터뷰를 효과적으로 진행할 수 있는 인터뷰 가이드를 작성한다. 그리고 편안하다고 느낄 수 있는 장소를 선택한다.
- 키워드와 핵심구절을 잡아내도록 노력한다.

- 도입부와 질문으로 구성하여 질문의 의도와 목적을 이해시키고 본 질문에 적절히 답할 수 있도록 한다.
- 필요하다면 인터뷰 대상자를 격려하고 동기부여 할 수 있는 추가적인 질문을 마련한다.
- 인터뷰 대상자가 그들의 스토리를 이야기하도록 한다. 단순한 '예, 아니오'나 단답식 답변을 하기보다는 자신의 이야기를 말하도록 한다.
- 주의 깊게 들으려 노력한다. 그들의 경험, 감정, 생각에 주의 깊게 귀 기울여 경청한다. 침묵을 인정하고 답하기 싫어하거나 민감해하는 부분은 넘어가도 좋다.
- 답변을 위한 충분한 시간을 주고, 금방 답변이 안 나온다고 초조해하거나 다른 질문으로 곧바로 넘어가려는 조급함을 없애야 한다. 질문을 한 후 최소 10초 이상을 기다려라. 생각할 기회를 주어야 한다.
- 불필요한 주변 이야기보다는 주제에 초점을 맞출 수 있도록 이끌어야 한다.
- 부정적인 코멘트나 문제에 집중하는 것을 건설적으로 다루고, 이를 긍정적으로 바꿔볼 수 있도록 돕는다.

인터뷰는 특정 용건으로 특정인을 만나 정보와 의견 등을 얻어내고자 하는 대화라고 할 수 있다. 대표적인 인터뷰는 대면 인터뷰로서, 대상자의 심층(태도, 감정, 경험 등)적인 자료수집, 깊은 해석을 필요로 하는 상세한 사실 파악, 민감한 이슈의 파악 등에 유용하다. 다음은 일반적인 인터뷰 요령으로 참고할 수 있는 내용이다.

기본적인 인터뷰 요령은 무엇인가

- 상대방을 미리 조사하여 그의 생각, 중시하는 것에 대한 예비지식을 갖는다.
- 인터뷰 목적을 확정한다.
- 질문내용을 폭넓게 준비한다.
- 말하기보다 듣는 것이 위주가 된다.
- 바람직한 질문방식을 쓴다.
- 상대가 말하고 싶은 내용을 말하게 한다.
- 구하는 정보가 무엇인지를 간결하게 말한다.
- 메모를 준비한다.
- 상대가 "네, 아니오"로 말하게 되는 질문은 피한다.
- 강제와 논쟁을 피하고 지지와 신뢰를 얻어낸다.
- 솔직한 태도를 보인다.

단계별 인터뷰 요령은 무엇인가

시작단계(Start up)
- 인사, 감사의 뜻을 표함.
- 인터뷰의 목적 및 이유를 설명함.

- 주제를 설명함.
- 기밀유지, 인터뷰 결과의 사용방법에 대한 약속을 주고받음.
- 시간을 확인함.

질문단계

- 상대의 마음속으로 들어가서 경계, 의구심이 생기지 않도록 함.
- 분위기가 좋아진 때부터 서서히 질문의 방법을 바꾸어 감.
- 답하기 쉬운 것부터 어려운 것으로, 과거로부터 현재로, 추상적인 것으로부터 구체적인 것으로, 간접적인 것으로부터 직접적인 것으로 말하도록 유도함.
- 잘 듣는 사람이 되어야 하며, 자신의 의견은 중요하지 않음.
- 이해가 안 되는 점이 있으면 확인함. "말씀하고 계신 것은 …입니까?"
- 상대의 입을 열도록 하는 질문을 연구함.
- 질문은 명확하고 생산적으로 단순명쾌 해야 함.
- 알고 있었다고 말해 분위기를 해치지 않도록 함.
- '사실'을 얻을 수 있도록 하며, 유도질문은 하지 않음.

마무리 단계

- 인터뷰 결과를 요약하여 상대에게 확인함.
- 다음에 다시 질문할 가능성을 암시함.
- 약속한 시간을 엄수함.

• 감사의 뜻을 표함.

성찰(Reflection)을 활용하는 방법

때로는 질문에 대한 답변을 위해 성찰의 방법을 활용한다.

졸리 제이(Joelle Jay) 박사는 "성찰은 삶의 과정 및 비즈니스의 성공을 통해 배우는 것이다. 이 말은 언제, 어떠한 것을, 그리고 무엇을 하기 위해 결정할 때, 경험을 토대로 한다는 뜻이다. 이것은 과거를 반추하여 미래를 향해 확실한 추진을 하는 것이다. 궁극적으로, 성찰은 명쾌함을 가져다주고, 그 명쾌함은 결정을 만든다. 성찰을 추출의 예술로 생각해라. 여러분은 본인의 실제 경험과 일상 생활에서 지식을 끌어낸다. 본인의 경험을 토대로 연구하여 올바른 결과를 만들 때까지 노력만을 반복할 게 아니라 목표를 향해 빠르게 정진해 나가는 것이다"라고 말한다. 이러한 측면에서 볼 때, 성찰은 AI 프로그램의 '발견하기(Discovery)' 단계에서 우리가 찾고자 하는 것과 유사한 방법을 제공한다.

'성찰 저널(Reflective Journal)'을 통해 참여자들이 자신의 과거 학습, 경험, 성공체험, 가치 등에 대해 되짚어보도록 한다. 참여자들에게 '가이드 질문(Guiding question)' 또는 '성찰 질문(Reflective question)'을 제시하여 참여자들의 답변을 요구하거나 개방적(Open-ended)인 관점에서 생각해 보도록 유도한다. 성찰 질문의 예는 다음과 같다:

- 나는(우리 조직은) ~인 경우 가장 좋은 성과를 보인다.

- 나는(우리 조직은) ~에 관련된 활동에서 최선을 다한다.

- 나는(우리 조직은) ~인 경우 다른 팀원들과 협동하기를 좋아한다.

- 내가(우리 조직이) 이 주제에서 가장 마음에 드는 것은 ~이다.

- 이 프로젝트에서 가장 흥미로운 부분은 ~이다.

- 나는(우리 조직은) ~에 대해 ~하는 것을 배운다.

- 나는(우리 조직은) ~ 부분을 개선하고 싶다.

- 나는(우리 조직은) ~에 대해 적절한 도움을 받는다.

- 성공적인 프로젝트에서 우리는 이 프로젝트를 시작하기 전에 나는 (우리 조직은) ~ 한다.

- 나는 내가(우리 조직이) ~ 할 수 있다는 것을 배웠다.

- 나는(우리 조직은) ~에 뛰어나다.

- 나는(우리 조직은) ~하는 방법을 배웠다.

- 나는(우리 조직은) ~에 관해 다른 이들에게 도움을 줄 수 있다.

- 나는(우리 조직은) ~에 대해 책임을 지고자 한다.

효과적인 스토리텔링(Storytelling) 활용 방법

왜 스토리텔링이 중요한가?

AI의 중심에는 스토리가 있다. 긍정적 경험이나 최고의 성과를 낸 순간의 경험들을 스토리로 전개하여 모두가 공유하기 쉽도록 한다. 또한, 그들의 희망과 미래를 이미지화하고 공유하도록 하는 과정을 통해 효

과적으로 새로운 관계를 형성하도록 한다. 긍정적인 귀를 통하여 스토리를 듣는 것은 참여자 모두에게 보다 더 깊이 있는 생각과 통찰력을 자극하게 된다. 또한 스토리 속의 감동적인 사실들이 감정을 자극하고 더욱 몰입할 수 있도록 만들어주기 때문이다. 이러한 과정을 통해 AI는 '발견하기' 단계에서 보다 좋은 성과를 거두도록 해준다.

- 사람들은 그들이 속해 있는 조직, 집단 등 자신의 시스템에서 일어난 성공에 대한 이야기에 귀 기울이며, 이러한 질문에 대하여 보다 풍부한 답변을 이끌어낸다.
- 개인적인 말과 이야기로부터 온 정보는 단순히 강점이나 가치 등을 나열하는 것보다 보다 풍부할 뿐만 아니라 보다 정확하다.
- 대부분의 사람들은 스토리를 이야기하는 것에 대해 거부감이 없고 자연스럽게 받아들인다. 스토리를 그들 문화의 일부로서 받아들인다. 따라서, 스토리는 그들이 받아들이고 설득하고 공유하는 데 유용한 도구가 될 수 있다.
- 스토리는 상상력을 불러일으킨다. 분석적인 토론이 할 수 없는 부분을 활성화시키며 자극시킨다. AI가 과거의 훌륭한 경험과 가치를 미래의 꿈에 연결시키는 것이라고 볼 때 스토리는 가교역할을 하는 최상의 적절한 도구다.
- 스토리를 말하거나 듣는 것은 관심과 흥미를 불러일으킨다. 단순히 사실이나 감정을 표현하는 것보다 훨씬 강력한 흥미와 재미와 기쁨을 불러일으킨다.

스토리를 분석하는 방법은 무엇인가?

참여자들이 이야기한 모든 스토리를 받아들이고 그 속에서 강점과 가치들을 발견하는 과업을 수행해야 한다. 참가자들은 그러한 스토리를 분석하여 스토리 속에 숨어 있는 진주들을 발견해내야 한다. 약 30분 동안 스토리를 분석하여 이 과업을 수행한다.

첫째, 사람들의 이야기 속에서 그들의 강점을 발견한다.
질문: 무슨 강점, 자산 또는 자원, 가치 등이 성공을 이끌어냈는가?

둘째, 성공으로 이끌었던 이면적인 가치, 사실, 요소 등을 드러내기 위한 질문을 한다.
질문: 스토리에 반영되어 있는 가치는 무엇인가?
질문: 최고의 경험과 성과에 공헌한 외부적 조건은 무엇인가?

셋째, 스토리에 반영되어 있는 가치가 무엇인지를 깊게 탐색해본다.
질문: 어떠한 상황에서 그러한 가치가 중요했는가?

넷째, 개개인의 바람 뒤에 있는 것을 탐색해본다.
질문: 그 바람이 사실이라면 변화되어야 할 것은 무엇인가? 그 바람의 이면에는 무엇이 있는가?

다섯째, 참여자 그룹에게 메모지를 나누어주고 스토리로부터 강점을 작성하고, 가치를 기술하고, 바람을 정리하도록 한다.

여섯째, 이러한 과정을 통해 밝혀냈던 강점, 가치, 바람 등을 포스터에 표기하고 그 내용을 기술해본다.

일곱째, 작업 결과에 대한 보고를 준비한다.

마지막으로 이 단계에서는 다음의 사항들을 검토해야 한다.

- 인터뷰 할 질문은 어떠한가?
- 인터뷰 수행자와 대상은 어떻게 할 것인가?
- 인터뷰 수행자에게 어떤 교육이 필요한가?
- 인터뷰 결과를 어떻게 정리할 것인가?
- 인터뷰 결과를 어떻게 공유할 것인가?
- 스토리 속에서 최고의 경험, 최상의 행위, 성공체험, 가치, 바람 등을 어떻게 도출할 것인가?

Stage 3 : 꿈꾸기(Dream) 단계

'꿈꾸기(Dream)' 단계는 '발견하기(Discovery)' 단계에서 도출한 과거의 경험, 성공, 가치, 최상의 실행행위 등으로부터 얻은 긍정적인 핵심 요소들을 바탕으로 조직의 미래를 상상해보는 단계다. 미래를 그리는 과정은 조직구성원들의 참여를 통해 다양한 방법으로 그들의 아이디어와 비전을 모아 나가는 과정이기도 하다.

먼저, '발견하기(Discovery)' 단계에서 도출된 성공적인 사례와 이야기들을 공유할 수 있는 시간을 갖는다. 충분히 공감하고 이야기할 수 있는 사례들을 중심으로 나누고 생각할 수 있는 시간을 갖는다. 이러한 과정은 그 결과들이 미래의 모습을 상상하고 그리는 데 자연스럽게 녹아 들어갈 수 있도록 하기 위한 것이다.

다음으로 소집단을 구성하여 '꿈꾸기'를 시작한다. 대화와 토론을 통해 다양한 상상으로 꿈과 희망을 이야기하도록 한다. 충분한 대화가 이루어지고 마치 동심으로 돌아간 것과 같이 미래를 상상한다. 즐거운 상상이 되도록 한다. 아무런 제약 없이 자유로운 상상의 나래를 펼쳐 나가도록 한다. 하지만, 자신들의 성공경험, 가치 등을 떠올리며 이것이 꿈을 꾸는 재료가 될 수 있도록 한다.

이러한 과정을 통해 마음 속에 그려진 모습을 다양한 방식을 통해 표현해 보도록 한다. 예컨대 그림, 이야기, 뉴스기사, 방송 인터뷰, 미술작품, 조각, 시, 노래 등 다양한 방법이 동원될 수 있다. 이때, '미래의 모습으로 무엇이 보입니까?' '지금 그 미래에 여러분이 와 있다고 생각하고 그 순간을 돌이켜보십시오'라는 질문을 던진다. 그리고, 이것들을 작성하여 참여자들 앞에서 발표한다. 발표가 이루어지면, 공통적인 이야기들을 모아 나간다. 공감대가 이루어질 수 있도록 충분한 시간을 갖는다.

마지막으로, '도발적 제안'을 작성한다. 이미지에 기초하여 미래의 안내자로서 역할을 하게 될 '도발적 제안'을 만들어내게 되는 것이다. 도발적 제안은 '꿈꾸기' 단계에서 그려진 꿈을 하나의 진술문으로 기술한 것이다. 참여자의 협력으로 도발적 제안을 완성하고 공유하면 이 단계가 마무리 된다.

도발적 제안은 현재의 시제로 과감하며, 긍정적인 언어로 작성하고, 도전적인 것이어야 한다. 또한 조직구성원이 그들의 조직에 대하여 충분히 반추하고 희망을 품는 것이어야 한다. 따라서, 어떤 사람은 이를 '미래 목표 기술문'이라고도 한다. 예를 들어, "우리는 정부, 지역사회, 공동체 등과의 중요한 파트너십을 가지고 있다. 이것은 우리가 생존하고 번영할 수 있는 중요한 기반이 된다"라든지, "우리의 이웃들은 서로의 재산상태를 개선함으로써 서로가 즐거워하는 아름다운 공동체를 형성해 간다"와 같은 제안이다.

참여자들을 모아 놓고 그들의 꿈과 희망을 이야기하도록 한다. 5년 후, 10년 후 미래의 긍정적인 이야기들로 대화를 하고, 이를 하나의 선언문으로 정리하면 꿈 만들기가 완성된다. 우리의 강점과 잠재성을 최대한 발휘한 모습을 그려보고 서로 고양된 마음으로 미래를 현재에서 즐길 수 있는 감동적인 경험을 하게 되는 것이다. 이러한 모든 이야기는 가시화되도록 해야 한다. 다음은 꿈꾸기 단계에서 활용할 수 있는 안내사항이다.

> 2015년이다. 여러분은 우리 조직을 몇 년 동안 떠나 있었다. 그리고 여러분이 이 조직에 다시 돌아왔을 때, 여러분이 꿈꾸어왔던 조직의 모습을 보게 된다. 그 상황에서 여러분은 어떠한 모습을 보고 있는가? 사람들은 무엇을 말하고 있는가? 누가 의사결정을 하고 있는가? 무슨 성공들이 현실화되었는가? 무엇이 여러분을 가장 기쁘게 하는 것들인가?

이러한 상황을 상상한 후에 이미지를 그려본다. 예를 들어, 다음의 사진은 가족과 함께 서로를 사랑하며 삶의 여유를 맘껏 누릴 수 있는 비전을 표현한 예다. 이 같은 형식으로 비전을 만들 수 있다. 그리고 다음의 질문을 참고하여 토론해보자.

- 비전으로부터 등장하는 주요한 아이디어는 무엇인가?
- 기존의 강점을 강화하고 있는가?
- 비전은 어떻게 다른가?
- 누가 이해관계자인가?
- 중요한 측면이 빠진 곳은 없는가?
- 비전은 도전적인가? 아니면 현실적인가?
- 달성 가능한가?
- 외부사람들에게 크게 의존하고 있지는 않은가?

〈이미지화된 꿈 : 비전보드 예 www.visionboardsite.com〉

가족과 함께 서로를 사랑하며 삶의 여유를 맘껏 누릴 수 있는 비전을 표현한 사진

훌륭한 자택을 구입하여 풍요로운 삶을 누리겠다는 비전을 표현한 사진

• 비전이 공유될 수 있는가?

<이미지 상상의 힘 : 이미지 트레이닝>

(사례1) 1976년, 구 소련 시절 몬트리올 올림픽에 출전하기 앞서 구 소련의 선수들은 매일 연습 전에 몬트리올 시의 사진을 보면서 거기서 경기를 어떻게 풀어나갈 것인지를 상상했다. 실제로 선수들은 몬트리올에 한 번도 가본 적이 없었지만 그 사진 속의 경기장에서 시합하는 장면을 마음 속에 그려보았다고 한다. 그 결과 선수들은 몬트리올에 있는 낯선 경기장에 도착했을 때 마치 자신이 자주 들렀던 곳 같은 편안함을 느꼈다고 한다. 그리고 실제로 기대 이상의 성과를 거두었다.

(사례2) 미국 일리노이 대학에서 다음과 같은 실험을 했다. 이 대학 농구팀 선수를 A, B, C 세 그룹으로 나누고 다음과 같은 훈련방식을 취했다.

A그룹 - 한 달 동안 슈팅연습을 하게 함.

B그룹 - 한 달 동안 연습을 시키지 않음.

C그룹- 한 달 동안 매일 30분씩 마음속에서 자신이 슈팅해서 득점하는 장면을 그려보도록 함.

한 달 후 결과는 B그룹은 예상대로 아무런 개선이 없었고, 실제로 신체를 사용해 연습한 A그룹은 20일 이후에 자유 투 성공률이 24%가 개선되었다. 그런데, 단순히 머릿속으로만 이미지화시켰을 뿐인 C그룹의 성공률은 무려 23%나 개선되어 볼을 만지지 않고서도 맹훈련을 한 A그룹과 거의 같은 수준의 개선을 보였다.

이미지 트레이닝이란 생활 안에서 체험을 통하여 학습하고 습관화된 하나의 행동 경향을 학습이론에 의거, 머리 속에서 긍정적인 이미지를 통해 상상하고 이를 현실처럼 받아들임으로써 실제 상황에서 효과를 거두도록 하는 행동요법이다. 이미지 트레이닝으로 과거의 나쁜 기록을 지워버리고 그 자리에 좋은 이미지를 심어 성공의 기쁨을 느끼도록 하면 자신감이 살아나고 새로운 용기가 생겨 좋은 결과를 얻을 수 있다는 것이다. 주로 스포츠에서 활용되고 여러 연구를 통해 그 효과를 입증해왔으나 개인과 조직의 변화 등에 적극 활용되고 있다.

이미지 트레이닝의 원리는 적극적인 이미지를 마음속에 계속해서 심으면 그것들이 결국 현실로 나타난다는 신념에 기초하고 있다. 즉, 잠재능력을 믿고 그것을 개발하고자 하는 확실한 의지가 있다면 그 효과는 엄청날 수 있다는 잠재능력 개발 프로그램이다.

단어의 정보량과 이미지의 정보량은 놀랍게도 1 : 1,000이라고 한다. 언어를 사용하지 않고 시각적인 이미지로만 사고하고 상상하는 것만으로 '실제화 되는' 효과가 있다는 것이다. 꿈을 '이미 확정된 미래'로 그리면, 그 꿈은 마음 속에서는 이미 이뤄진 상태이기 때문에 집착이 생기지 않는다. 오히려 잠재의식이 당신을 긍정적인 상태로 변화시키고, 긍정적으로 변화된 당신은 자연스럽게 긍정적인 현실을 누리게 된다는 것이다.

꿈을 이루고 싶다면 '앞으로 이렇게 되고 싶다' '앞으로 그것을 가지고 싶다'라고 생각할 것이 아니라, '그 꿈은 이미 실현되었다' '나는 이미 원하는 것을 얻었다'라는 현재완료형의 이미지를 마음속에 그려야 한다는 것이다.

이미지는 실제로 체험하지 않고도 그 이미지를 상상할 수 있고, 움직임을 느끼며, 냄새·맛·소리 등을 마음속으로 떠올릴 수 있다.

새키트(Sackett,1934)에 의하면, 사람들이 움직임 형태를 습득하고 이해하도록 심상(이미지화)이 기호화 작용을 한다고 한다. 즉 개인이 기술을 습득할 때 그 기술을 성공적으로 수행하기에 필요한 무엇인가와 친숙하게 된다는 것이다. 중추신경 시스템이 운동 프로그램을 창조하여 성공적으로 운동을 완성하도록 정신적 청사진을 만들어준다고 한다.

'도발적 제안'을 작성하는 프로세스

첫째, '도발적 제안'이 과거의 가장 좋았던 시기를 기술하기 위해 회상하는 것으로부터 시작됨을 상기시킨다.

둘째, 참여자들에게 수년이 지나 그들의 꿈을 대부분 성취한 후에 미래에 있을 모습을 상상할 것을 요청한다. 그들은 최고로 탁월한 성과를 보이는 조직에게 수여하는 저명한 상의 후보에 올라 있다. 그 상은 최고의 저명한 상으로 인식되고 있다. 조직구성원들은 상으로 인하여 TV 출연을 제의 받았다. 미래의 모습을 상상하여 출연 인터뷰를 어떻게 할 것인지를 생각해보라. 이 인터뷰에서 여러분은 조직이 성공할수 있었던 좋은 경험, 가치, 강점 등을 포함해야 한다. 이를 가정하여 역할연기를 해보자.

셋째, 모든 것이 끝난 다음, 다음의 질문을 통해 확인한다.

- 이러한 상황에서의 이루어진 모든 것이 조직의 미래에 가장 좋은 모습을 포함하고 있는가?
- 이러한 상황에서 이루어진 것들은 도전적인가?
- 영감을 불러일으키는가?
- 그것들은 조직구성원들과 공유되고 있는가?
- 이러한 상황에서 이루어진 모든 것들은 조직의 자원과 꿈을 연계시키고 있는가?
- 이것을 성취할 미래를 설계하도록 이끌어가고 있는가?

넷째, 피드백이 이루어지고 나면, '도발적 제안'을 작성한다. 도발적 제안은 '가장 좋은 것(과거)'과 '무엇이 될 것인지(미래)'의 가교역할을 한다.

다섯째, 도발적 제안이 진정으로 그들의 미래 비전과 도전을 위해 적절한가를 그룹 내에서 토의해보고, 여러 기준을 충족한다면 다음 단계로 진행하고 그렇지 못하다면 수정을 가한다. 이러한 도발적 제안이 미래의 공유 비전이 될 수 있도록 '가시화' 작업을 수행해본다.

'도발적 제안'을 작성하는 방법

'도발적 제안' 또는 '가능성 기술문'은 '꿈꾸기' 단계의 산출물을 요약하고 기록하는 또 다른 방법이 된다. 도발적 제안은 '가장 좋은 것인가?'와 '어떻게 될 것인가?'에 대하여 그 간격을 연결해주는 다리역할을 수행한다. '발견하기' 단계로부터 얻어진 최상의 실행행위, 경험, 성과 등을 꿈꾸기에 연결하는 역할을 해주는 것이다. 도발적 제안은 말 그대로 평범하게 현상적인 부분에 대한 표현이 아니라 보다 도전적이고 바람직한 이미지를 강력하게 표현하는 것이어야 한다. 그러면, 훌륭한 도발적 제안은 어떠해야 할까?

그것은 '도발적'이어야 한다. 조직이나 집단에게 도전을 주고 많은 노력을 해야지만 가까스로 달성할 만한 것이어야 한다. 참여자들에게 도전과제를 주어 적극적으로 관여하도록 해야 한다.

그것은 과거의 성공경험, 성취, 최상의 실행행위, 가치 등에 기반하고 있어야 한다. 아무것도 없는 상태에서 시작하는 것이 아니라 과거의 성공체험에 기반을 두고 기술되어야 한다. 그래야만 이것이 그들 자신의 것이라고 인식하고 자신감을 얻도록 해주기 때문이다.

그것은 희망적인 것이어야 한다. 조직이나 집단의 모든 구성원들은 그 진술문에 기록된 것이 자신들의 이야기가 되고 희망이 되어야 한다.

그것은 긍정의 언어로 쓰여져야 하고 현재 시제로 쓰여져야 한다. 조직이나 집단이 자신들의 이미지를 반영하도록 기술되어야 하고 현재의 이야기처럼 생생하게 표현되어야 한다.

그것은 고도로 참여적인 것이어야 한다. 진술문을 완성하기 위해서는 참여자 모두의 노력과 참여가 필수적이다. 특정 개인의 이야기가 아니라 모든 사람들을 위한, 모든 사람들에 의한 이야기여야 한다.

그것은 조직의 학습을 유도하는 것이어야 한다. 그 진술문은 조직이나 집단의 구성원들에게 최선의 모습에 집중하고 방향을 이끌도록 지원해야 한다.

그것은 조직의 구조와 활동 등의 다양한 측면을 동시에 해결해줄 수 있어야 한다. 예를 들어, 리더십, 사회적 목적, 의사소통, 비즈니스, 공동체 관계 등의 모든 측면에서 변화가 이루어져야 한다.

그것은 전략적 전환을 통해 미래의 목적과 기존의 활동을 균형 있게 연결할 수 있어야 한다. 또한, 도발적 진술은 언어적인 표현이므로 참여하는 모든 사람들이 쉽게 이해하고 공유할 수 있어야 한다.

도발적 제안을 위한 그룹 활동 예

4개 그룹에 다음의 기술문을 각각 나누어주고 과제를 수행한다.

그룹 1.

여러분의 조직이 몇 년 뒤에 꿈을 이루었다고 가정해본다. 여러분의 조직은 탁월한 조직에게 수여하는 경영대상 후보에 올랐다. 이 상은 전국에서 가장 우수한 모델로서 인정될 만한 조직에게 수여되는 권위 있는 상이다. 국영방송은 여러분의 조직을 인터뷰하러 올 예정이다. 약 3분 동안 여러분을 취재하려고 한다. 여러분의 조직이 왜 우수한 업적을 이룰 수 있었는지, 에너지가 충만하게 된 근원은 무엇인지, 지속적인 성장과 발전에 영향을 준 것은 무엇이었는지를 설명해야 한다. 지금부터 인터뷰를 진행한다고 가정하고 발표해보라.

그룹 2.

여러분의 조직이 몇 년 뒤에 꿈을 이루었다고 가정해본다. 여러분의 조직은 탁월한 조직에게 수여하는 경영대상 후보에 올랐다. 이 상은 전국에서 가장 우수한 모델로서 인정될 만한 조직에게 수여되는 권위 있는 상이다. 데일리 타임즈는 여러분의 이야기를 기사로 다룰 예정이다. 여러분의 조직이 왜 우수한 업적을 이룰 수 있었는지, 에너지가 충만하게 된 근원은 무엇인지, 지속적인 성장과 발전에 영향을 준 것은 무엇이었는지를 기사화하고자 한다. 지금부터 이 기사 내용을 기술해보라. A4지 한장 이내의 분량으로 작성하라.

그룹 3.

여러분의 조직이 몇 년 뒤에 꿈을 이루었다고 가정해본다. 여러분의 조직은 탁월한 조직에게 수여하는 경영대상 후보에 올랐다. 이 상은 전국에서 가장 우수한 모델로서 인정될 만한 조직에게 수여되는 권위 있는 상이다. 정부기관은 여러분의 이야기를 다른 모든 조직에게 알리기 위해 홍보할 기회를 제공하기로 했다. 여러분의 조직이 왜 우수한 업적을 이룰 수 있었는지, 에너지가 충만하게 된 근원은 무엇이었는지, 지속적인 성장과 발전에 영향을 준 것은 무엇이었는지를 홍보하고자 한다. 지금부터 이 홍보물을 만들어라. 포스터나 그리기 등 다양한 방법을 활용하라.

그룹 4.

여러분의 조직이 몇 년 뒤에 꿈을 이루었다고 가정해본다. 여러분의 조직은 탁월한 조직에게 수여하는 경영대상 후보에 올랐다. 이 상은 전국에서 가장 우수한 모델로서 인정될 만한 조직에게 수여되는 권위 있는 상이다. 생산성증진센터의 책임자는 여러분 조직의 이야기가 듣고 싶어 면담의 자리를 요청해왔다. 여러분 조직이 왜 우수한 업적을 이룰 수 있었는지, 에너지가 충만하게 된 근원은 무엇이었는지, 지속적인 성장과 발전에 영향을 준 것은 무엇이었는지를 면담에서 효과적으로 전달하고자 한다. 지금부터 이 미팅을 위한 자료를 준비하고 인터뷰를 준비하라. 그리고, 인터뷰를 가상하여 실시해보라.

도발적 제안의 예

다음은 도발적 제안의 몇몇 예들이다. 이러한 진술문은 비전의 성장과 성찰을 포함한다. 그리고 집단이나 조직이 현 상태에서 도약할 수 있는 도전적인 것을 반영한다. 꿈을 추구하고 이를 달성하기를 갈망하는 모든 인간의 잠재성을 포함한다. 꿈을 그리고 도전을 고취시키는 '가장 좋은 시도'여야 한다. 도발적 제안은 모든 선택된 테마가 최선의 모습일 때를 느끼고 바라볼 수 있어야 한다.

초점 : HIV/AIDS에 관한 공동체적 관리(아프리카 프로그램 사례)

- 잘 교육되고 기술을 익힌 고아들은 좋은 일자리를 갖고 충분히 독립적으로 살아간다.
- 공동체의 노인들은 매우 안락하고 청결한 거주지에 머물고 충분한 음식물을 공급받고 있다.
- 공동체의 약품 박스에는 충분히 보충되고 사용될 수 있는 광범위한 의약품들을 구비하고 있다.

초점 : 공동체 활동에 대한 참여적 접근법 도입

- 우리는 전문가들과의 가장 잘 연계된 네트워크로 운영되도록 한다.
- 우리는 공동체를 위해 가장 혁신적이고 창의적인 접근법을 사용한다.
- 우리는 가능하다면, 서로서로 적극적으로 협력하는 데 최선을 다한다.

초점 : 활발한 소통

- 우리는 개방적이고, 솔직하고, 공평하며, 참여적인 과정을 통해 지역 시민들과 소통한다.
- 우리는 적극적으로 시민들의 의견을 얻고, 그에 대응한다. 우리의 시스템은 시민들의 의견을 반영하고 설계되며, 계속해서 재설계된다.

다른 예들 :
- 우리는 서로의 강점을 최대한 활용하고 협력한다.
- 우리는 예기치 않은 사안에 균형감각과 열정을 가지고 반응한다.
- 우리는 항상 새로움을 추구한다.
- 우리는 우리의 일에 대해 열정을 가지고 에너지를 집중한다.
- 우리는 창의적이다.
- 우리는 긍정적인 마인드와 행동으로 충만해 있다.
- 우리는 무엇인가 다른 것을 만들어낸다.

마지막으로 이 단계에서는 다음의 사항들을 검토한다.

- '꿈'을 잘 표현하고 있는가?
- '꿈'을 다양한 수단을 활용하여 공유하기 쉽도록 표현하고 있는가?
- '꿈'은 과거의 최고 경험, 성공, 가치, 강점에 바탕을 두고 있는가?

• '도발적 제안'은 조직을 확장시킬 수 있도록 도전적이고 대담한 표현을 사용하고, 생생하고 긍정적인 이미지들을 보여주고 있는가?

Stage 4 : 설계하기(Design) 단계

'설계하기' 단계는 '꿈꾸기'에서 설정한 꿈과 이를 구체적으로 기술한 '도발적 제안'을 어떻게 구체적으로 실현할 것인가에 초점을 두고 있다. 이를 위해서는 전략, 조직, 구조, 프로세스, 문화 등을 어떻게 도발적 제안에 맞추어 나갈 것인지를 고민해야 하며, 누가 이러한 작업에서 이해관계자인지 분명히 정의하게 된다. 또한, 이를 구체적으로 실행하기 위한 활동을 계획하고 이를 프레젠테이션 등을 통해 공유하는 과정을 거치게 된다.

'설계하기(Design)' 단계는 '꿈'을 달성하기 위해 무엇을 해야 할 것인지를 구체화하는 단계다. 현실에서 미래의 비전과 꿈을 향해 어떻게 최선의 혁신적인 방법을 통해 나아갈 것인지를 발견하는 활동을 포함한다. 구성원들이 참여하여 단기적, 중장기적 목표로 세분화하고 이를 추진하기 위한 전략, 조직구조, 문화, 프로세스 등의 변화에 대해 토론한다. 전략 등의 검토가 이루어지면 이를 실천할 세부 과업들을 정리해 나간다. 이는 마치 우리가 활동 계획을 수립하는 것과 유사하다.

이러한 목표, 전략, 활동계획은 '도발적 제안' 사항과 일관성 있고 직접적인 관련이 있어야 한다. 예를 들어, 이전 단계에서 '활발한 의사소통'의 가치에 대해 논의한 경우, 지극히 관료적인 조직에서는 상하 간 의사소통과 비공식적 의사소통체계에 대한 개선을 검토하게 될 것이다. 그러나, 조직내부와 외부 이해관계자와의 의사소통 단절의 경우 이를 극복하는 방안으로서 내외부 협업 방안, 벽 없는 교류 등의 방안이 검토될 수 있다. 이러한 목표와 실천계획은 우선순위화의 단계를 거쳐 문서화된다. 이러한 우선순위를 정하는 데 다음의 지침을 활용하는 것이 도움이 된다.

페이오프 매트릭스(Pay-off Matrix)

페이오프 매트릭스는 팀과 개인의 이슈의 중요성, 최고의 해결안, 실행과정 등에 관한 일관성 있고 목적지향적인 결정을 돕기 위해 활용되는 의사결정도구다. 이를 활용하면, 과제에 대하여 어떻게 우선순위를 정할 것인지 또는 대안들 중에서 어떻게 최적의 안을 선택할 수 있는지를 결정할 수 있다. 가장 이상적인 형태의 대안은 최소의 노력/비용으로 최대의 성과를 얻는 것이며, 비중이 작은 이슈에 대해서는 아예 시간과 노력을 들이지 않는 것이 될 것이다.

페이오프 매트릭스는 아래의 도표로 간단히 요약될 수 있다. 각각의 잠재적인 해결 대안별로 실행에 들어가는 노력/비용 및 이의 투입을 통해 얻을 수 있는 성과/효과를 분석한다. 각 안 별로 분석된 노력/비용 투입 대비 성과/효과의 측정치를 상대 비교하여 다음의 매트릭스 4사분 면에 배열하여 최소의 비용으로 최대의 효과를 거둘 수 있는 안을 실행안으로 선택한다.

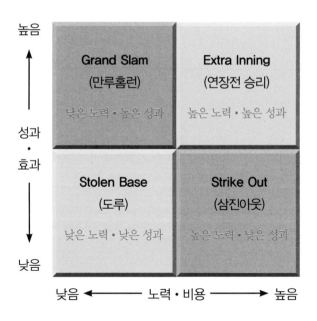

만약 이해관계에 따라 우선순위에 차이를 보이는 경우는 다음과 같은 질문을 통해 두 의견 사이를 다시 돌아볼 수 있게 도울 수 있다.

첫째, 목표, 전략에 부합하는 우선순위 기준은 무엇인가?

둘째, 이러한 과제가 우선순위에 기여할 수 있는가? 우선순위가 A시나리오 같이 된다면 어떠한가? 만약 B시나리오라면 어떤가?

셋째, 이해관계가 부딪히는 가운데에서도 공통된 가치와 이상은 무엇인가?

넷째, 만약 문제가 생긴다면 누가 책임을 질 수 있는가? 누가 적극적으로 일의 추진을 책임질 수 있는가?

또한, 실행계획을 구체화하는 데 있어서는 5W 2H 방법을 활용하면 효과적이다. 즉, 누가(Who?), 무엇을(What?), 어디서(Where?), 언제(When?), 왜(Why?), 어떻게(How?), 그리고 얼마나(How much?) 할 것인지를 정하는 것이다.

실행계획이 만들어지면, 스폰서에게 프레젠테이션을 준비한다. 정해진 발표양식에 따라 만들고, 발표자는 효과적이고 설득력 있는 발표를 위한 연습을 한다.

AI는 실행계획을 세우는 것에서 정점을 이룰 필요는 없다. 누군가는 이러한 과정이 필요 없을 수 있다고도 말한다. AI는 다른 방법과는 다르게 이미 그 과정에서 많은 변화를 불러일으키기 때문이며, 이 과정에서 일어난 변화는 업무와 조직과 문화에 어떠한 형태로든 변화를 가져오도록 연결고리가 있기 때문이라는 것이다. 이미 설계 초기 단계에서 전략계획, 조직, 문화, 프로세스 등에서 어떠한 변화가 일어나야 하는지를 설계하기 때문에 세부적인 활동계획에 너무 얽매일 필요가 없다는 것이다. 그러나, 이 과정을 지나도 여전히 실행력을 갖기 위해서는 비록 전통적인 방법일지는 모르나 실행계획을 구체화하는 것이 필요하다. 다음 표는 이러한 실행계획과 모니터링 방안의 참조를 위한 예시다.

AI 실행계획 템플릿(예)

희망하는 결과	필요한 행동사항	필요한 자원	필요한 정보	책임자	시작일자, 완료일자	필요기술 및 역량

- 희망하는 결과 : 우리의 행동을 통하여 달성되기를 희망하는 것
- 필요한 행동사항 : 희망하는 결과를 달성하는 데 반드시 필요한 행동
- 필요한 자원 : 필요한 예산, 인력, 설비, 자원 등
- 필요한 정보 : 필요한 정보 원천들

- 책임자 : 활동을 수행할 주체, 지원그룹
- 일자 : 시작일과 종료일
- 필요역량 및 기술 : 활동을 성공적으로 수행하는 데 필요한 지식, 기술, 스킬

AI 실행 모니터링 템플릿(예)

희망하는 결과	성과측정 지표(KPI)	모니터링 데이터	데이터 수집방법	책임자	시작일자, 완료일자	필요기술 및 역량

- 희망하는 결과 : 우리의 행동을 통하여 달성되기를 희망하는 것
- 성과측정지표 : 희망하는 결과의 달성여부를 측정하는 지표(계량적 지표화)
- 모니터링 데이터 : 성과를 측정하는 데 필요한 데이터
- 데이터 수집 방법 : 시스템 데이터, 수작업 데이터, 설문조사 등 데이터를 수집하는 방법
- 책임자 : 활동을 모니터링 할 주체, 지원그룹
- 일자 : 시작일과 종료일
- 필요역량 및 기술 : 모니터링을 성공적으로 수행하는 데 필요한 지식, 기술, 스킬

마지막으로 이 단계에서는 다음의 사항들을 검토한다.

- '꿈'을 실현하기 위해 관련된 변화의 주제를 잘 선정하고 있는가?
- '꿈'을 실현하기 위한 전략, 문화, 조직, 구조, 프로세스 등을 구체적으로 정의하고 있는가? 누락된 부분은 없는가?
- 목표, 활동계획은 일관성 있게 적절하게 정의되고 있는가?
- 활동을 수행하기 위한 주체는 명확한가?
- '도발적 제안'은 목표와 활동과 유기적이고 일관되게 연결되어 있는가?

Stage 5 : 실행하기(Destiny) 단계

'실행하기(Destiny)' 단계는 AI의 공식적인 마지막 단계로서, 이전 단계에서 AI 프로그램을 통해 무엇이 변화되었는지를 성찰해본다. 또한, 이러한 변화에 참여한 사람들을 인정하고 존중하는 과정을 통해 성취감을 느끼고 지속적인 변화를 독려하게 된다. '실행하기'가 AI 프로그램의 마지막 단계라 하더라도 이 과정은 여기서 끝이 아니라 지속된다고 생각해야 한다. 지속적인 학습의 과정이면서 열망을 가지고 꿈꾸고 있는 미래를 향한 끝없는 도전인 것이다. 설계 단계에서 설정한 변화 주제, 즉 전략, 조직, 문화, 가치규범 등이 조직 내에 뿌리 내릴 수 있도록 지속적인 노력과 함께 모니터링과 피드백이 이루어져야 한다.

전에도 언급했듯이, 지속적인 대화와 성찰이 일어나고 가능성에 대한 토론이 업데이트되며, 새로운 구성원에 대한 인터뷰가 추가적으로 일어나야 한다. 변화에 대한 성공체험을 공유하고 구성원들에게 변화에 대한 자신감을 고취시키도록 노력해야 한다.

이 단계에서 공식화의 노력이 반드시 필요하다. 변화과정에서 성취한 것에 대한 구성원들의 노력을 축하하고 함께 나누어야 한다. 서로 나누고 토론하고 성찰할 수 있는 기회를 마련해야 한다. 이러한 것들은 공식적으로 이루어져야 한다. 주기적으로 이러한 자리를 마련하고 무엇을 변화시켰는지, 무엇을 달성했는지를 서로 공유하도록 배려해야 한다. 필요하다면 실행도중에 어떠한 어려움이 있었는지, 추가적으로 필요한 자원은 무엇인지에 대한 이야기도 이루어져야 한다. 스폰서나 책임자는 이러한 장애요인들을 즉시 해결하고 항상 관심을 가지고 있음을 보여줄 필요가 있다. 또한, 한번 설정된 설계내용은 절대적인 것이 아니다. 이것들은 시간이 지나면서 새롭게 업데이트되거나 수정될 수 있다. 미래, 꿈, 도발적 제안 등과 유기적이고 일관된 모습을 갖도록 조정하는 프로세스의 정립과 노력이 필요하다.

변화에 참여하고 있는 구성원들은 자신들의 기술과 역량을 향상시키기 위해 지속적인 노력을 해야 한다. 그들은 지속적으로 참여할 기회를 가져야 하고 그들이 어떠한 방향으로 나아가고 있고, 지금 필요한 것이 무엇인지를 느낄 수 있도록 해야 한다. 또한 지속적으로 학습할 수 있는 문화와 토양을 만들어 나가야 한다. 이러한 과정을 통해 얻은 좋은 경험과 가치들은 새로운 꿈을 향한 또 다른 토대가 될 수 있다. 미래를 만들어 가는 막중한 책임과 더불어 자부심을 느끼고, 즐길 수 있어야 한다. 그래야지만 지속적인 변화가 가능할 것이기 때문이다.

마지막으로 이 단계에서는 다음의 사항들을 검토한다.

- 역할과 책임은 명확한가?
- 실행계획에 따라 잘 추진되고 있는지를 모니터링하는가?
- 계획을 추진하는 데 영향을 주는 변수는 무엇이 있는가?
- 구성원의 참여와 노력에 대한 보상과 축하는 어떻게 이루어지는가?
- 지속적인 변화와 학습을 위한 토양은 갖추어져 있는가?
- 구성원은 변화를 즐기고 있는가?

이러한 모든 과정이 진행되고 있다면, AI 프로그램에 대한 피드백을 할 필요가 있다.

AI 프로그램에 참여했던 모든 참가자들에게 다음을 질문해보라:
- 참여적 접근법은 어떠한 가치를 제공했는가?
- AI는 우리의 직무수행에 어떠한 도움을 주었는가?
- 현재에는 어떠한 도전들이 남아 있는가?
- 지속적으로 꿈을 이루어 나가기 위해 필요한 것은 무엇인가?

4

도입사례들

"누구든 강점 위에서 성과를 내지 못하는 사람은 없다.
약점에서 성과를 이루어 낼 수는 없다."

피터 트러커

다양한 사례의 범주

AI를 도입한 사례를 살펴보면, AI의 진행형태는 대략 3가지로 나타난다. 하나는 중장기적으로 조직의 많은 구성원들이 참여하여 다양한 활동들을 전개하는 것이고, 다른 하나는 조직의 목적에 따라 다양한 변화 또는 혁신 프로그램의 한 부분으로서 활용하는 것이다. 그리고, 마지막으로 통상 2~5일 정도로 수행되는 'AI 서밋(AI Summit)'이라는 단기간 프로그램을 통해서 진행되는 것이다. 서밋에는 다양한 이해관계자가 참여하여 테마를 발굴하고 전략적 강점, 가치, 훌륭한 경험 등을 발견하고 꿈을 그려내며 미래를 설계하는 대규모 미팅이나 워크숍 형태로 진행된다. 이러한 다양한 도입 및 추진방식이 있다 할지라도 AI는 다음의 영역 중 어느 한 형태의 성격을 갖는 경우가 많다.

AI는 조직의 전략기획, 조직문화 변혁, 리더십, 코칭, 팀 빌딩, 채용 인터뷰, 평가, 개인의 삶의 변화 등에 이르기까지 매우 다양한 형태로 적용되어 오고 있다. AI의 접근법은 이러한 영역에 있어서 기존의 태도나 방법을 모두 버리는 것이 아니라 큰 틀은 유지하되 AI의 장점을 접목함으로써 그 효과를 더욱 높이고자 하는 것으로 발전하고 있다.

전략 기획

그동안의 전략 수립은 대개 외부 컨설팅사의 의뢰를 통해 그들이 정의해주는 전략적 방향을 선택하거나 경영진 및 일부 기획부서에서 나름대로 설정한 사안들을 기초로 이루어져 왔다. 가장 전형적인 방법은 환경분석과 내부역량 분석을 통해 SWOT(강점, 약점, 기회, 위협) 매트릭스를 분석하여 전략적 방향성과 과제를 이끌어내는 것이 일반적이었다. 다양한 전략분석 및 기획 방법론들이 동원되었다. 이러한 전략은 특정 행사나 이벤트, 예컨대 비전 선포식, 전략 워크숍 등을 통해 조직구성원들에게 전파되었다. 위로부터의 전략적 방향과 조직구성원들의 생각은 동떨어져 보였다. 또한, 이러한 전략적 방향은 조직의 생존을 좌우할 만한 중요한 의사결정이 아닌 한 구성원들의 저항에 부딪히기도 했다. 그것들이 지극히 현실을 반영하고 있지 못하며, 문제점을 들춰내는 데 초점을 맞추고 있다고 느꼈기 때문이다.

이러한 문제점을 해결하면서 회사의 전략을 효과적으로 실행할 수 있는 방안은 없을까? 최근에 AI의 방법론이 전략기획에서도 긍정적으로 적용될 수 있다는 움직임이 일고 있다. 예컨대, '강점과 기회'에 집중하고 이러한 것들을 조직구성원의 적극적인 참여 속에서 발견해내도록 하는 것이다. 이러한 과정에서 조직의 탁월성, 성공경험, 최상의 실행행위들을 밝혀내고 이를 현재의 환경변화에 접목하여 미래를 그리고 이를 달성하기 위한 실행계획을 수립해 나가는 것이다. 이러한 경우 조직구성원들은 조직의 전략을 자신의 것으로 받아들여 저항하지 않을 뿐만 아니라 자신의 업무에서 전략의 방향을 재검토하고 판단의 기준으로 삼게 된다. 모든 자원과 에너지를 강점에 집중하게 된다.

조직문화 변혁

많은 연구조사 결과는 조직의 문화가 기업의 성과와 정(正)의 관계를 갖는다고 한다. 세계적인 우량기업 중 하나인 듀폰은 경쟁력의 가장 중요한 요인이자 성공 비결은 구성원들의 강한 열정과 에너지를 촉발하여 하나의 구심점에 결집시키는 '참여하는 조직문화'라고 했다. 조직문화는 눈에 보이지 않는 소프트 역량으로 경쟁사가 모방하기 어려운 무형의 경쟁우위 요소라고 파악하기 때문이다. 획일적 지시형 조직문화에서 창의성을 강조하는 참여형 조직문화로 바꿈으로써 조직의 변화를 즐겁고 다이내믹하게 실행시키는 데 성공했다. 리더의 결단력도 필요하지만 많은 사람들을 참여시켜 함께 의사결정을 하는 것이 중요하며, 원칙을 중시하는 조직문화 즉, 결과뿐만 아니라 절차까지도 공정하게 공유되는 조직문화가 중요하다고 강조한다.

많은 기업은 이와 같이 조직구성원의 참여형 조직문화를 표방하고 있지만 사실 제도, 관행, 프로세스는 이러한 원칙을 지키지 않는 경우가 많다. AI는 기본적으로 참여를 중시하며, 참여를 전제로 하고 있다. 구성원들이 참여하여 그들의 강점과 잠재성을 바라보고 미래를 설계하며, 함께 공유하고 에너지를 집중해 나가는 것이다. 활발한 커뮤니케이션이 일어나고 열정으로 일을 하게 된다.

'헌터 더글러스 윈도우' 사는 회사의 총체적인 문제점을 밝혀내기 위해 약 2~3개월간 회사에 대한 진단 작업을 진행했다. 직원 의견을 조사하고, 컨설턴트에 의한 진단 인터뷰를 통해 회사의 리더십, 비전, 조직구조, 문화, 의사소통, 개선노력, 프로세스 등에 관한 문제점을 수집하고 분석했다. 이러한 전통적인 진단기법을 검토하는 중에 핵심멤버 2명이 과연 이러한 방식의 적용결과가 어떠했는지를 11시간에 걸쳐 집중 분석해보았다. 결과는 좋지 못한 것이었다. 결국 이들은 AI의 바람직한 결과를 기대하고 이 방식을 경영층에 제안함으로써 그들의 방향을 급선회했다. 그리고, 6개월에 걸쳐 1차적인 AI 프로그램을 도입했다. 결과는 대성공이었다. 이 기간 동안 약 850명 이상이 참여했고, 그들은 AI 과정에서 조직의 변화를 직접 만들고 공유하고 느끼기 시작했다. 참여자들은 회사가 자신들을 아끼고 있으며, 함께 미래를 만들어가자는 의지를 보였다고 기뻐했다. 이 과정을 통해 참여자들은 개방적이고 참여적이고 긍정적으로 변화되었다.

흥미로운 사실은 이 조직의 변화가 개인의 삶에 있어서도 변화를 이끌어냈다는 것이다. 결혼 31주년을 맞은 한 직원은 그의 결혼생활을 돌이켜보고 그동안의 좋은 경험, 추억, 행복했던 순간을 회상하고, 이에 기초하여 미래를 새롭게 설계하는 데 AI를 적용했다. 그들은 밤을 세워 이야기하고 심지어 해당 부서 직원들이 함께 참여하여 이 과정을 파티로 즐겼다는 것이었다.

조직의 우수성 발굴

'우리 조직은 어느 점에서 강점과 우수성을 가지고 있는가?'라는 질문은 간단하지만, 조직의 성과를 극대화하는 데 있어서는 가장 중요한 질문이다. 강점과 우수성을 명확히 할 수 없다면, 경쟁상황에서의 승리도 보장할 수 없다. 다음은 경영 우수성의 요소가 되는 항목의 예시다.

경영 우수성의 항목 예

1. 실행에 집중
2. 고객 밀착
3. 자율성과 기업가 정신
4. 사람을 통한 생산성
5. 현장중시, 가치지향
6. 본업에 집중
7. 단순한 조직, 간소한 스탭
8. 느슨하면서도 빈틈없는 관리

이상의 모든 것이 공통적인 요건이지만, AI는 자사의 조직에 가장 특정한 강점과 우수성에 주목하도록 해준다. AI는 전체 조직의 우수성뿐만 아니라 사업부, 부문, 팀의 어느 레벨이든지 그 우수성을 탐색해내는 데 효과적으로 활용될 수 있다. 다양한 부서의 팀원들은 테마를 발굴하고 많은 토론과 인터뷰와 공유를 거쳐 강점을 탐색하며, 이를 조직의 혁신과 변화에 적극 활용한다.

인수합병

회사 간 인수합병은 매우 흔한 일이 되었다. 인수합병은 구조조정과 기업성장의 중요한 수단이 되고 있다. 그러나, 인수합병이 물리적 결합에만 그쳐 화학적 결합을 하지 못하는 경우가 많다. 화학적 결합이란 조직의 문화, 구성원 간의 인식과 사고방식, 팀워크, 참여, 공유가치 등을 포함한다. 성공적인 인수합병은 강점의 화학적 결합이 이루어지고 하나의 미래를 향한 공유가 이루어지는 것이다. 그렇지 못하다면 자원 낭비와 에너지 낭비는 불가피하다. 인수합병 초기에 상당한 혼란을 경험하게 되는데, 이때 경영진은 강한 리더십으로 이를 단기간에 수습하고 긍정적인 시너지를 내기 위한 조치를 취하지 않으면 긍정적 효과를 기대하기 어렵다. 이러한 상황에서 가장 강력한 힘은 구성원들의 목표와 비전이 같도록 그들을 정렬시키는 것이다. 구성원들의 참여와 동의를 구하기 위한 설득을 해야 한다. 경영진은 명확한 비전과 구체적인 목표를 제시해 조직을 한 곳으로 집중시켜 에너지를 모아야 한다. 이러한 측면에서 AI는 효과적인 수단이 될 수 있다. AI는 인수합병된 회사간의 시너지를 극대화할 수 있도록 서로의 강점과 우수성을 발견하도록 해준다.

대형회계법인은 단기간에 몇몇 인수합병을 수행하면서 AI를 도입했다. 모든 사람들이 참여한 가운데 긍정적인 인터뷰를 통하여 시너지의 가치를 탐색하고 발견했으며, 이 과정을 통해 서로를 보다 잘 이해하고 하나가 될 수 있는 기회를 활용하게 되었다. 이 결과로 수백 명의 인력이 조직의 미래에 대한 하나의 구심점을 갖게 되었고, 재무적, 그리고 문화적으로 하나가 되는 성공적인 경험을 하게 되었다.

커뮤니티의 변혁

지방자치단체나 지역공동체 등의 개발 프로세스에서 AI의 활용은 보다 효과적이다. 이해관계가 많은 사람들로 이루어진 공동체가 합의를 이루어내는 것은 쉽지 않다. 자신들의 의견만을 내세우다 보면, 적정한 합의점을 이루어내기 힘들다. 이러한 상황에서 협력을 이끌어내고 미래의 비전을 만들어가면서 모든 구성원들을 집중시키는 일은 매우 어렵고 많은 시간이 걸리는 일이었다.

'이매진 시카고(Imagine Chicago)'라고 불리는 시카고 시의 지역변화 프로그램은 AI 방법론을 도입했다. 그들은 많은 인터뷰를 진행했고, 이 인터뷰로부터 그들의 강점과 우수성을 발견해냈다. 이를 지속적으로 개선하려는 노력과 미래의 비전을 공유한 결과, 2년 뒤 교육시스템에 있어서 상당한 개선을 갖게 되었으며, 정부와 기업, 사회단체 등과의 관계도 개선되었다.

코칭

그동안의 코칭은 목표 실현과 문제 해결의 최적의 방법을 스스로 찾고 이를 실현할 수 있도록 지원하는 것을 의미했다. 그러나, 이러한 코칭의 경우도 다른 변화방법과 마찬가지로 '무엇이 부족한가?' '무엇이 문제인가?'에 대한 탐색에 중점을 두는 경우가 많았다. 강점을 강화하고 집중하는 것보다는 문제 해결에 많은 에너지를 투입했다. 코치는 강점을 발견하고 핵심가치를 이해하는 데, 그리고 잠재력을 밝혀내는 데는 소홀했다.

코칭의 진정한 의미를 보면, AI와 일맥상통하는 면이 매우 많다. 강점을 강화하고 잠재성을 극대화하는 것이 미래의 성공을 좌우한다는 인식이 그렇다. AI를 코칭에 적용함으로써 강점, 잠재력, 가치, 좋은 경험 등을 긍정이라는 연료로 불태워 각 사람, 각 조직이 꿈꾸는 미래를 만들 수 있다. 미래에 대한 분명한 이미지를 창조해주고, 자신의 잠재력과 강점을 이해시켜 보다 자신감을 가질 수 있도록 독려하기 때문이다. 최근의 많은 사례들은 이러한 코칭의 방향을 선호하는 것으로 나타나고 있다.

성과평가 및 관리

제대로 된 평가는 개인이나 조직의 목표를 어느 정도 달성했으며, 그러한 과정에서 어느 활동과 노력이 효과적이었는지를 파악해 그 역량을 강화하고, 부족한 면을 발견해 이를 적극적으로 개발하고 개선해 나가도록 하는 것이다. 그동안의 평가는 대부분은 점수화, 서열화하고 부족한 점을 발견하며, 이를 인사상의 불이익이나 차별적 대우로 연결하는 데 초점을 맞추었다. 특히, 평가과정에서 필요한 면담(목표면담, 중간면담, 최종면담)이 형식적으로 진행되거나 아예 실시되지 않는 경우가 많았던 것 또한 사실이다. 개인의 육성이라는 측면도 매우 보수적으로 고려되어 왔다. 이 결과는 바로 '평가를 위한 평가', '형식적 평가'로 인식되어 누구도 받아들이려 하지 않는 평가, 즉 납득성의 결여, 공정성의 상실로 이어지고 말았다. 이것은 결과적으로 평가에 대한 부정적인 이미지로 굳어졌다.

AI는 조직이나 개인의 성과목표 설정부터 면담의 과정에 그 효과를 발휘할 수 있다. 조직의 목표를 보다 명확히 이해할 수 있고 중요한 가치를 발견하며, 참여나 지속적인 커뮤니케이션은 목표를 고민하고 자신이 공헌해야 하는 바를 생각하게 한다. 성과를 나누고 서로 행복할 수 있도록 만든다. 그들의 일과 결과에 대하여 보다 더 잘 느끼고 더 잘할 수 있는 것이 무엇인지를 발견하게 해준다.

리더십 개발

다양한 리더십 개발을 위한 프로그램은 많지만, AI는 독특한 효과를 가져온다. 피터 드러커는 "리더의 역할은 목적이나 목표에 맞게 강점을 조율하는 것이며, 이럴 때 약점은 더 이상 중요하지 않게 된다"라고 강조했다. 리더의 역할은 조직과 구성원의 강점과 잠재성을 개발하고 그것을 목표달성에 연계해 나가는 것이라는 점이다. AI 관점에서 유능한 리더란 '창의적인 잠재력을 결집시켜 자신감과 에너지, 열의, 실행 등의 긍정적인 힘으로 전환하는 관계적인 역량을 가진 사람'이라고 정의한다. 이를 통해 궁극적으로 긍정적인 변화를 가져오는 사람이라는 것이다.

　새로운 리더십의 개발은 조직이나 공동체의 구성원들과 더불어 새
로운 미래를 창조하는 데 기꺼이 참여하며, 배우고 변화할 자세가 되
어 있으며 더 나아가서 배움과 변화를 즐길 수 있어야 한다고 정의한
다. 사람을 배려하고 배우고 성장하고 더 나은 삶을 누릴 수 있도록 도
와주는 것이 조직이나 리더가 하는 일이라고 이해하는 것이다. 또한,
조직 구성원들의 잠재력과 강점을 발견하고 길러 탁월한 성과를 창출
하게 한다. AI는 이러한 관점에서 리더십 개발과 아주 잘 어울린다.

사례 1 : 크레이그우드
청소년 서비스(Craigwood Youth Services)

조직소개

　크레이그우드 청소년 서비스는 캐나다에 있는 청소년 정신건강센
터로 개인, 가족, 공동체의 변화를 이루어왔다. 특히, 다른 기관에서 꺼
려하는 매우 어려운 문제들을 해결하고 지원하는 데 55년간 힘써왔다.
대외적으로는 변화추진자의 대표주자로서 이미지를 굳히고 있으며,
이 분야의 전문가 집단으로 평가받고 있다.

배경

이러한 대외적인 인식과 그동안의 업적에도 불구하고 15년간 자금 지원은 지속적으로 하향세를 기록해왔고, 과업은 증가하는 데 비해 인력은 계속 줄어 상대적인 피로감이 조직에 누적되었다.

이에 경영진은 조직을 새롭게 쇄신할 필요성을 느끼기 시작했고, 그들은 5개년 계획으로 강점기반의 조직을 만들기로 했다. 이에 대해 인사담당자와 관련 직원들이 심도 있는 토론을 벌였다. 경영진도 이러한 제안을 받아들였다. 그들은 조직을 구성하고 그동안 조직적으로 성취했던 많은 것들을 바라보고, 더 이상 현실비관적이고 문제투성이로 조직을 바라보던 시각을 바꿔 보기로 했다.

이러한 출발의 목적은 바로 조직의 강점을 발견하고 미래의 발전을 위한 발판으로 삼아 궁극적으로 고성과 조직으로 도약하자는 것이었다. 그리고 8개월 동안 강점을 발견하고 프로그램을 진행하기 위한 교육을 진행했다. 이 모델의 핵심은 긍정심리학과 강점기반 조직이론에 기반을 둔 것이었다. 문제나 이슈를 발견하고 이해하고 분류하는 데 사용하던 많은 에너지들을 강점을 찾아내는 데 보다 집중하도록 하였다. 결점중심 문화를 보다 긍정적이고 강점중심의 문화로 탈바꿈하기를 원했다. 그러나 그들의 직무성격이 문제를 발견하고 해결책을 제공해주는 것이고, 그들은 오랜 동안 이러한 방식에 길들여져 있었다. 현실적으로 이 모든 것을 하루아침에 바꿀 수는 없었다. 이것은 그들에게 거대한 도전임에 틀림없었다. 그들은 위험관리와 규제준수에 관하여 외부기관에 보고할 의무도 있었다. 다양한 토론이 이루어졌으며, 이 과정은 오히려 새로운 시각이 필요하다는 마음속 깊은 곳에서의 간절함을 표현하게 했다. 그들은 결국 이러한 관점보다는 강점기반의 긍정모델을 수용하는 것이 그들의 미래를 위해 바람직하다는 결론을 얻었고, 조직을 새롭게 재설계하고 변화시켜 나가기로 했다.

방향성

그들은 이러한 강점을 발견하고 미래의 설계를 위해 외부 컨설턴트의 도움을 받아 계획을 수립했다. 그는 긍정조직혁명(AI)의 전문가로서, 그들이 강점을 발견하고 미래를 설계하는 데 이 사상과 모델을 활용하고 접목시켰다. 그들이 결정한 방향성과 기대성과는 다음과 같았다.

- 조직에 생명력을 가져올 수 있는 조직문화의 변화
- 인적자원의 최적화
- 지속적인 성장을 위한 직원 확보
- 새로운 솔루션 제공자로서의 이미지화
- 미래를 위한 리더십 개발
- 성과지향형 문화
- 새로운 지식과 사례의 창출

추진내용

스텝 1 : 경영진 워크숍

전체 경영진이 참여하여 AI의 개념 및 철학, 방법론에 대한 전반적인 3일 과정의 교육을 이수했다. 이중 하루는 경영진과 팀 리더들이 인사관리에 있어서의 조직의 주요 도전과제에 대하여 심도 있는 토론을 했다.

스텝 2 : 리더십 공유

그들은 조직 내에서 경영진과 팀 리더의 공유된 리더십 모델을 필요로 했다. 이를 위해 공식적인 리더십 훈련 프로세스를 학습했다. 경영진뿐만 아니라 조직의 팀 리더들이 구성원들을 효과적으로 변화시킬 수 있는 다양한 주제에 대하여 토론하고 그들에게 최적인 리더십의 역할 모델을 정의하고 공유했다.

스텝 3 : AI 프로그램의 가동

모든 조직구성원들이 참여한 가운데, AI에 대한 소개가 이루어졌고, 5D사이클에 대한 단계별 주요 추진과업들을 소개했다. 향후 수개월 동안 진행될 AI 프로세스에서 무엇이 중요하고 어떻게 이루어지는지를 상세하게 공유하고 학습할 수 있는 계기를 제공했다. 테마도출, 그들의 강점과 잠재성, 좋은 경험과 사례 등을 발굴하는 것, 미래의 꿈을 그리고 설계하는 것, 조직 문화, 프로세스 등을 새롭게 설계하는 것, 구체적인 실천계획 등을 어떻게 작성할 수 있는지를 학습하게 했다.

스텝 4 : 강점의 발견

테마를 도출하고 이에 대한 강점 발견을 시작했다. 그들은 버킹엄의 스트렝스파인더(StrengthsFinder, 자기발견 도구)라는 도구를 활용하여 강점을 발견하는 단계에 활용했다. 그러한 강점들에 초점을 맞추어 AI의 인터뷰가 추가적으로 수행되었다. 질문은 사전에 충실히 준비되고 교육되었으며, 3~5개의 질문을 통해 각 테마별로 그들의 성공체험, 강점 등을 정리했다.

스텝 5 : 우선순위 결정

도출된 강점과 성공체험, 가치 등을 나열하고 우선순위를 정하는 심도 있는 프로세스를 거쳤다. 위로부터 결정된 것이 아니라 조직구성원들이 모두 참여해 토론을 통해 결정했다. '그날에 대한 생각(Thoughts for the Day)'이라는 발견과정에서의 캐치프레이즈가 말해주듯이, 그들은 많은 토론을 통해 그들의 강점과 경험, 성공을 스토리로 이끌어냈다. 이것은 바로 조직의 DNA를 발견하는 과정이었다. 그리고, 이것은 미래의 생명력을 가지고 있는 것이라고 생각했다.

스텝 6 : 꿈꾸고 설계하기

그들의 DNA를 어떻게 미래에 반영하고 새로운 미래로 그들을 이미지화할 것인가를 토론했다. 그들은 모두가 참여하여 미래를, 그리고 꿈꾸는 과정만으로도 행복해했다. 많은 긍정적인 변화들이 이루어졌고, 조직의 새로운 모습을 기대할 수 있었다. 각 분담팀은 자신들이 그린 미래를 나누었고, 하나의 커다란 조직의 미래상과 꿈이 완성되었다. 그리고 이를 실천하기 위한 전략기획, 조직, 프로세스, 문화, 일하는 방식 등을 재정비했다. 또한 실행 계획들도 수립했다.

추진결과

그들은 이러한 과정을 통해 무력감에 빠져 있던 조직에 생기, 자신감, 에너지를 다시 불러일으키게 되었다. 대화가 없고 갈급했던 조직문화는 항상 긍정을 논하고 긍정의 말로 소통하게 되었으며, 일에 대한 재미를 불러일으켰다.

조직구성원들의 직무만족도와 몰입이 크게 증가했고, 그들의 비전에 대한 확신을 갖게 되었다. 그들은 강점을 발견하게 되었고, 그 강점이 방치되고 있었다는 것도 깨달았다. 에너지를 강점에 쏟는다면 꿈과 비전을 달성하는 것은 시간 문제라고 생각했다. 무엇보다도 조직과 자신의 삶의 행복지수가 올라갔다고 입을 모았다.

사례 2 : GTE

회사소개

GTE는 1995년 조직개편과 프로세스 리엔지니어링, 다운사이징 등 많은 도전들에 직면해 있었다. 또한, 통신산업의 규제완화 법안이 의회에서 통과되는 등 대외적인 변화의 소용돌이에 휩싸여 있었다. 조직구성원들은 이러한 급격한 변화에 두려워했다. GTE는 벨 아틀랜틱(Bell Atlantic)과의 합병 후 버라이즌(Verizon)이 되었으며, 미국 내 가장 큰 전화회사가 되었다.

추진배경

변화의 소용돌이 속에서 GTE 텔롭스의 경영진은 컨퍼런스에 쿠퍼라이더 교수에게 특강을 부탁했다. 그 특강은 AI에 대한 소개였으며, 이러한 활동은 후에 '긍정적 변화의 씨앗'을 뿌리는 계기가 되었다. 경영진은 변화의 소용돌이 속에서 새로운 경쟁력을 찾을 필요를 느꼈으며, 조직의 구성원들이 그 중심에 있음을 깨닫고 있었다. 이러한 작업의 일환으로 직원 만족도를 조사했는데, 놀랍게도 고객의 최접점에 있는 90%에 해당하는 많은 직원들, 예컨대 시급직원과 현장직원의 직무만족도가 크게 떨어져 거의 바닥이라는 것이 드러났다. 결국 경영진은 직원들의 참여를 유도하고 긍정적인 태도와 직무만족도를 높이는 것이 시급하다고 판단했다.

목표

경영진은 이러한 문제와 도전에 대해 AI가 가장 적합한 방법임을 깨닫고 쿠퍼라이더 교수와 휘트니 박사를 초청하여 AI프로젝트를 진행하기로 결정했다. 이들은 먼저 많은 사람들의 참여가 중요하다는 것을 강조하고 특히 현장직원의 광범위한 참여를 위한 계획을 수립했다. 그들은 "회사의 변화를 위해 어떻게 64,000명의 직원들의 긍정적 잠재력을 활용할 수 있을까?"라는 핵심질문을 던졌다. 이를 통해 고객의 접점에 있는 직원들이 열정적이고도 효과적으로 고객들을 지원할 수 있는 계기를 마련하고자 했다.

추진내용

GTE의 사장은 "조직문화는 우리가 자신에게 말하는 스토리다"라고 규정하고 스토리텔링을 통해 자신들의 성공스토리, 성공체험 및 가치 등을 발굴하고 공유하는 것이 조직문화 혁신에 있어 매우 중요한 일임을 강조했다.

AI 프로그램에 의거 고객지향적인 긍정적인 문화로 바꾸기 위해 폭넓은 사람들의 참여를 유도했다. 교육을 통해 수백 명의 긍정변화 추진자를 양성했다.

모든 직원이 참여하여 긍정 인터뷰를 수행하고, 이를 통해 가장 좋은 경험, 차별성, 강점 등을 탐색했다. "잘 되고 있을 때 고객의 만족은 어떻게 이루어지는가?"는 등의 질문을 던졌다. 이러한 과정에서 그들은

'ZEALOT'이라는 가치용어를 만들어냈다.

- 열심(Zeal)

- 열의(Enthusiasm)

- 할 수 있다는 자세(Attitude : We're Can Do.)

- 리더십(Leadership)

- 개방성(Openness)

- 신뢰(Trust)

사장 등 경영진은 "모든 구성원이 어떻게 ZEALOT이 될 수 있을까?"라는 화두를 던졌다. 이에 조직구성원들은 "어떻게 하면 우리가 ZEALOT을 가장 잘 신장시킬 수 있을까?"에 대하여 심도 있는 토론과 대화를 나누었다. 과거의 성공과 최상의 실행행위, 가치 등을 도출했고, 이를 기반으로 미래의 꿈을 그려냈다. 모든 용어는 긍정적으로 표현되었으며, 이러한 과정에서 새로운 즐거움과 행복감을 느끼기 시작했다.

온라인에서도 회사의 인트라넷을 통하여 성공체험과 의견 등을 올려 서로가 공유하고 토론하도록 했다. 토론의 분위기는 뜨거웠다. 경영진은 의사결정 지원을 위해 주기적으로 컨퍼런스 콜을 했다.

추진결과

AI 도입 과정에서 많은 가시적인 성과들이 나타났으며, 2년 뒤 주요한 조직개편 과정에서도 AI를 통해 주요 테마들이 지속적으로 도출되고 긍정적인 질문을 통해 기회를 탐색하고 비전을 만들어 나갔다. AI가 하나의 조직변화 프로그램으로 자리잡고 있음을 보여주는 것이었다. 현장의 고객만족도는 크게 향상되었고, 직원들의 직무만족도와 삶의 질도 크게 향상되고 있었다.

예컨대, 팀 멤버를 채용하거나 새로운 평가 프로세스를 도입하는 데 있어서도 AI 기법을 활용했고, 리더십, 직원훈련 등 다양한 사내 교육 프로그램에 AI를 접목했다. 특히, 노사관계 부분에 획기적인 진전이 이루어졌다. 노사관계는 갈등관계, 미해결된 문제로 지속되어온 이슈였다. 그러나, AI 과정을 통해서 노사 간 새로운 비전의 정립과 파트너십이 확립되었다. 200여 명의 노동조합원과 경영진의 AI 프로그램 공동 참여를 통해 갈등중심, 문제중심의 노사관계가 비전과 회사가치에 참여하고 비즈니스를 지원하는 협력관계, 꿈의 동반자로 변화되었다. 이후 노사 간 파트너십 서밋 등의 행사가 추진되는 등 지속적인 관계개선을 위한 노력이 수반되었다.

GTE는 이러한 노력의 결과로 1997년 미국 ASTD(미국 교육훈련 및 개발협회)로부터 조직문화 변화상을 수상했다. GTE는 스스로의 참여에 의해 회사를 어떻게 더 나은 조직으로 만들 수 있을 것인지를 토론하고 인터뷰하는 과정을 통해 변화의 씨앗을 뿌리고 조직 문화를 체계적으로 정립해 나갔다. 200명의 고객에 대한 인터뷰, 품질, 팀워크, 주인의식, 리더십, 즐거운 직장생활 등에 대한 토론과 인터뷰를 진행했다.

400번 이상의 인터뷰를 통해 최상의 실행행위와 긍정스토리를 발굴하고 공유했다. 이에 에너지와 열정, 참여를 통한 자유로움, 개방적 문화를 정착시켰다.

긍정적인 질문은 조직에 생명력을 불러일으키는 '긍정적 핵심요소'를 발견하고 가능성을 확인하도록 해주었다. 비전과 꿈을 위해 많은 조직구성원들의 재능과 강점을 충분히 활용하는 것은 그들에게 자긍심과 흥분을 불러일으켰다. 회사비전과 미래를 새롭게 설계하고 같이 성장하는 기쁨을 누리게 되었다.

사례 3 : 영국항공(British Airways)

배경

2002년 9월 11일 테러로 인해 항공여행 업계는 심각한 경영상의 위기를 맞았다. 이용객들이 급감했고, 도산하는 항공사와 여행사가 많았다. 살아남은 항공사들도 비용과 인력을 절감하는 특단의 조치와 구조조정을 감내해야만 했다. 영국의 대표 항공사인 영국항공(British Airways)도 마찬가지였다. 대부분 이런 상황을 매우 비관적이고 부정적으로 보았다. 그러나 이전에 AI를 접했던 영국항공의 대응방식은 달랐다. 그들은 인력을 줄이되 어떻게 하면 효과적으로 줄일 수 있는지를 전 직원이 함께 토론하기 시작했다.

"어떻게 하면 모든 직원들이 어려운 상황에서도 꿈과 희망을 갖고 일을 할 수 있을까?" 이 질문에 모든 사람들이 함께 논의하고 그들의 강점과 경험을 반추하면서 많은 제안을 쏟아냈다. 제안은 단순히 인력을 줄이는 것이 아니라 보다 효과적으로 일을 할 수 있는 대안들이었다. 예컨대 업무분담, 파트타임 직위 등이었다. 어려운 시기에 함께 이 상황을 극복할 수 있는 이야기를 나누고 토론하고 경청할 수 있게 되었다. 전통적인 방식대로 인력을 무조건 자르는 식의 접근은 하지 않았다.

추진내용

영국항공은 AI 프로그램을 계획하고 추진했는데, 참여자들은 업무에서 거둔 성공 스토리를 최대한 재미있게 발표하며 참여의 행복을 맘껏 누리고 있었다. 워크숍은 분기에 한 번씩 개최된다. 워크숍은 전 세계에서 온 300여 명이 참여했는데, 한 직원은 "개인 화물이 뒤섞여 신부가 웨딩드레스를 찾지 못해 발을 동동 구른 적이 있었으나 직원들이 합심해서 웨딩드레스를 찾아 결혼식 시간에 맞춰 전달했다"고 말하고, 다른 한 직원은 "공항의 실수로 그랜드캐년에 가야 할 캠핑장비가 뉴욕으로 갔었지만 신속한 조치로 하루 만에 제대로 전달했다"고 경험을 소개했다. 그들은 이러한 과정을 통해 강점과 경험들을 모으고 함께 나누었다.

또한, 소그룹으로 나누어 토론에 들어갔다. 한 팀이 '아주 특별한 도착의 경험'이란 아이디어를 제시했는데, "다시는 개인화물을 잘못 배달

하는 일이 없게 하고, 우리 항공을 이용하는 모든 고객들에게 '아주 특별한 도착의 경험'을 갖게 하고 싶다"고 말했다. 긍정의 주제는 그 분기에 실행할 목표가 된다. '아주 특별한 도착의 경험'은 4분기 조직 전체가 지향할 비전인 '긍정 주제'로 선정됐고, 모든 영업조직에 전파되어 실행에 들어가도록 했다.

추진결과

창의적이고 개방적인 문화가 정착되었고, 자신들의 강점을 이해하고 충분히 활용할 수 있는 역량을 개발하게 되었다. 이러한 노력은 재무적인 성과로 이어졌다. 고유가에 의한 불황에도 불구하고 매출액과 영업이익도 급증했다. 이러한 결과는 AI 덕택이라고 조직구성원들은 입을 모으고 있다. 직원들이 참여해 만든 테마를 자발적으로 실천하면서 얻은 성공체험이다. 열정적이고 도전적이고 신뢰하는 긍정적 에너지와 가치가 조직 내에 충만하게 되었다. 에릭 부사장은 "개인들의 지혜는 잠재력으로 가득 찬 우물과 같지만 이를 활용하지 못했다. 잠재적 창의성을 개발하고 전 세계 영업조직의 성공사례를 전파하기 위해 선택한 긍정혁명 워크숍이 기대 이상의 성과를 내고 있다"고 말했다.

긍정혁명, 강점중심의 관점 등으로 영국항공은 그동안 다른 변화기법으로는 얻지 못한 기쁨을 누리고 있다. 변화는 고통스러운 것이 아니라 즐겁고 행복한 일이라는 새로운 진리를 깨닫게 된 것이다.

사례 4 : 통신회사 O2

회사소개

셀넷(Cellnet)으로 부터 회사명을 바꾼 O2는 영국의 모바일 커뮤니케이션 선도업체로서, 강력한 시장의 지배력을 보유하고 있다. O2로 브랜드명을 변경한 후, 이를 시장에 알리고 이미지를 제고하기 위한 노력과 더불어 주요한 기술에 대한 개발과 서비스 개선에 매진해왔다. 이 결과로 빠른 시간 내에 셀넷으로부터 O2로 변신에 성공한 것으로 평가받았다.

당시 이동통신산업은 새로운 고객의 획득이 중요한 과제였다. 고객의 획득이 곧 시장에서의 치열한 경쟁에서 승리하는 결정적인 요인으로 전략의 핵심을 이루었다. 이를 위해 O2는 개선된 시스템, 네트워크 커버리지의 확대, 고객서비스의 제고에 모든 초점을 맞추려고 노력했다. 그런데, 시간이 흐르면서 과연 새로운 고객유치가 장기적인 수익성 증가를 보장해줄 것인지에 대한 의문이 생기기 시작했다.

이 상황을 심도 깊게 검토한 후, O2는 전략적 방향을 조금씩 선회해야 한다는 결론에 이르렀다. 기존 고객유지에 집중할 필요가 있다는 것이었다. 보다 차별화된 전략으로 고객이탈을 최소화하려는 것이다. '브랜드 약속, 이미지의 강조'는 새로운 고객유치에 적절한 구호였지만, 전략적 변화는 기존고객의 유지에는 적절하지 않았다. O2 직원과의 직접적인 접촉 경험이나 사례가 보다 더 중요한 고객유지 전략의 핵심이 되어야 한다는 결정을 했다. 이에 따라, 고객을 귀하게 여기고 행복하게 하기 위해서는 내부 직원의 관계와 문화가 매우 중요한 것임을 깨닫게 되었다.

배경 및 주요 과제

경쟁적 시장 유치, 시장지향적 업무의 추진은 매출과 효율성의 지표만으로 고객 접점에 있는 콜센터, 지점 등의 성과를 관리하도록 내몰았다. 직원들은 그들의 고객을 잘 보살피고 지원하는 것이 매우 중요한 것임을 알고 고객중심형 업무에 최선을 다하고자 했으나 성과에 대한 압력과 일상업무에서의 자유재량을 극히 제한받음으로써 한계에 부딪치고 있음을 알게 되었다. 이러한 상황에서 고객유지의 전략을 효과적으로 하는 것에는 한계가 있었다. 따라서, 경영진은 외부적으로 고객약속을 잘 이행하기 위해 직원의 경험, 충성도, 동기부여가 필요하다고 판단하고 의사결정에 있어서 직원의 목소리를 반영하고 그들에게 자부심과 열정을 불어넣는 것이 필요하다고 생각했다. 열정과 자부심, 자유재량을 통해 보다 나은 고객경험을 지원한다는 긍정적인 변화를 꿈꾸게 된 것이다. 이를 위해 그들은 고객지향형 가치와 맞먹는 직원지향의 가치를 제공하길 원했다.

고객 가치 증진	직원 가치 증진
• 우리의 중심에는 항상 '고객'이 있다.	• 프로젝트의 중심에는 '직원'이 있다.
• 보다 좋은 고객과의 만남 : 상상력, 용기, 신선함, 비공식, 느슨함, 유머	• 보다 좋은 일터 만들기 : 상상력, 용기, 신선함, 비공식, 느슨함, 유머
• 일터에서 새로운 기회를 탐색, 자유롭게 신선한 아이디어와 주제를 이끌어낸다.	• 일터에서 새로운 기회를 탐색, 자유롭게 신선한 아이디어와 주제를 이끌어낸다.
• 고객들이 원하는 것을 찾고 '물론 ~되지?'라는 분위기 조성	• 사람들이 원하는 것을 찾고 '물론 ~되지?'라는 분위기 조성
• 작은 차이가 큰 차이를 가져온다는 서비스 정신과 세심한 배려	• 작은 차이에 주목하고 세심한 배려
• 신뢰는 모든 것의 기초라는 인식	• 질문이 자유롭게 이루어지는 분위기 조성
• 고객의 의견과 피드백을 쉽게 받아들일 수 있는 프로세스와 단순성	• 보다 많은 사람들의 참여를 위한 단순한 프로세스와 언어 사용
• 우선 잘 듣고, 이해하고, 존경에 바탕을 둔 대화	• 우선 잘 듣고, 이해하고, 존경에 바탕을 둔 대화

추진경과

이상의 조직문화 변혁과 직원의 보다 나은 근무환경을 위해 다음의 2가지 시도가 이루어졌다.

하나는 비공식적인 프로세스를 강조하고 자유롭게 참여를 유도하여 풍부한 소통이 이루어지게 하는 것이었다. 그동안의 변화 프로그램처럼 공식적으로 정해진 프로그램을 일방적으로 수행하는 것이 아니라 비공식적인 대화, 의사소통, 참여의 분위기를 조성한 것이다. 구조적,

상황적인 요인보다 직원들의 마음을 만나게 하는 것이 중요함을 깨닫게 되었다. 일률적인 규정, 룰, 제도, 문제의 규명과 해결보다는 관계, 우수사례의 공유, 자율, 개방성 등의 가치를 보다 중요하게 보게 된 것이다. AI는 이러한 요구를 적절하게 반영하는 최적의 대안이었다.

다른 하나는 AI 프로그램을 통해 공식적인 변화를 계획하고 실행하는 것이었다. 이를 위해 3일간의 AI 서밋을 개최했다. 5D 사이클을 바탕으로 철저한 계획 속에 진행되었다. 약 300명에 이르는 인력이 동시에 대규모로 참석했는데, 경영진부터 고객창구 직원까지 전 직원이 참여했다. 1,000번 이상의 인터뷰가 진행되었고, 공식과 비공식의 방법들을 함께 아우르도록 진행되었다. 이러한 과정은 1년 6개월의 기간 동안 지속적으로 수행되었다. 다음은 AI 서밋의 주요 주제다.

단계	추진 내용
1. 정의단계	• O2의 핵심팀에 의한 100번 이상의 인터뷰 • 다양한 대상으로부터의 의견 수렴 • 가장 훌륭한 스토리와 테마의 발굴 • 6개 토픽의 발굴 및 정의
2. 발견단계	• AI 인터뷰 프로토콜 개발 • 120명의 인터뷰어 훈련 • 1,000번 이상의 대화 • 6개 토픽에 대한 스토리 구성 [서밋 Day 1] 300명 이상의 인원이 참여, 수집된 스토리를 바탕으로 독특한 성공요인 도출 "함께 배우고, 함께 이해하고, 함께 토론하기"

3. 꿈꾸기와 설계 단계	[서밋 Day 2] 참여자들에 의한 미래 이미지 그리기, 도발적 제안 작성, 새로운 미래와 비전에 대한 토론 "새로운 DNA 선언"
4. 실행단계	[서밋 Day 3] 새로운 DNA에 대한 다양한 과제 도출, 지원방안 토의, 구체적인 변화 계획과 실행의 토론 및 확정 "새로운 출발, 행복한 변화"

AI 프로그램의 성과

직원의 참여에 의하여 이루어진 프로그램은 직원들의 업무방식, 태도에 커다란 영향을 미치게 함으로써 그들의 문화를 변화시키는 데 기여했다. 고객에게 보다 적극적인 대응과 서비스를 제공하게 되었으며, 무엇보다도 직원들에게 자유롭고 개방적인 근무환경을 제공함으로써 근무만족도를 크게 향상시켰다. 고객유지율도 30% 이상 증가했고, 근무만족도 조사 결과도 매우 고무적이었다. 관계에 대한 긍정적인 변화들로 서로 간의 지식과 경험이 풍부하게 공유되고 긍정적인 이야깃거리도 많이 늘어났다. 이러한 힘은 향후 변화를 지속하는 중요한 근간이 되었다.

성공요인과 교훈

O2에서 AI 프로그램의 성공요인은 다음과 같이 요약할 수 있다.

첫째, 역할과 지위에 무관하게 함께 개방적으로 일할 수 있는 분위기를 조성했다는 점이다. 이것은 규정과 룰과 제도에 의한 것보다 훨씬 강력한 힘을 제공해주었다. 서로 토론하고 정보를 공유하고 친밀감을 극대화할 수 있었다.

둘째, 새로운 가치체계를 도입함으로써 조직에 생기를 불어넣었다는 점이다. 참여, 협동작업, 주인의식, 학습기회, 혁신 등의 가치가 중시되었다. 이것은 조직에 엄청난 에너지를 제공했다.

셋째, AI 프로그램의 과정을 통해 O2 미래와 자신들의 꿈에 대해 그들 스스로 창조적인 이미지를 그리고, 의사결정에 참여함으로써 자신이 속한 회사의 미래를 자신이 선택할 수 있다는 인식과 확신을 심어주었다. 이것은 곧 주인의식을 고취시키는 것이었다.

넷째, AI 프로그램을 통해 긍정적인 조직분위기를 형성했다는 점이다. 긍정의 바이러스가 조직전반에 급속도로 전파되었다. 긍정에너지가 조직의 비전과 목표를 향한 구성원의 노력에 가장 큰 동력이 된 것이다.

다섯째, 고객의 가치를 증진시키는 것과 동시에 직원의 가치체계를 이에 맞춰 직원들이 스스로 자신들이 가치 있는 존재라는 인식을 심어주었고, 이를 통해 그들의 생각과 업무를 바꿔놓았다는 점이다.
이러한 노력들은 결국 O2에서의 변화가 행복한 것이고, AI를 통해 그들의 꿈과 비전을 이루어가는 소중한 여정에 함께 한다는 사실을 조직 구성원 모두에게 일깨워준 값진 경험이자 자산이 된 것이다.

다양한 사례로부터의 목소리

참가자의 말

"나는 긍정적인 관점으로 돌아가서 미팅을 수행하는 접근법을 좋아하게 되었다. 이러한 방법을 취할 경우 우리는 얼마나 많은 좋은 것들과 가능성들에 대하여 생각하고 좀더 창의적이 될 수 있는지를 알게 되었다."

"잘 되고 있는 것에 대한 인식과 긍정적인 경험에 대해 알아가는 과정은 우리에게 변화를 일으켰다. 프로젝트가 끝난 후가 아니라 이미 우리는 이 과정 속에서 변화를 느낄 수 있었다. 우리의 언어는 긍정적으로 변해갔고, 우리는 질문을 통해 우리의 강점을 명확히 찾아내게 되었다."

"우리는 많은 혁신 및 변화기법과 프로그램에 참여해왔다. 그러나, 이 프로그램의 접근법은 참신하다. 이것은 전혀 새로운 방식이다. 우리가 보지 못했던 새로운 시각과 관점을 얻어낸 느낌이다. 즐겁다."

"정치적, 조직적 문제들을 피하고, 긍정적인 관점에만 집중시켜서 사안을 바라볼 수 있었으며, 전통적인 문제해결 중심의 관점에서 문제, 결점, 약점 등을 과감히 탈피할 수 있는 토대를 마련해주었다."

"AI의 이론적 배경, 방법론 등을 충분히 이해하지 못하는 구성원들도 매우 쉽게 작업할 수 있을 만한 시스템이며, 누구나 쉽게 참여할 수 있도록 구성되었다. 강점, 가치, 가장 훌륭한 사례, 미래, 꿈 등 용어들을 구체화할 수 있었다."

"작업에 대한 두려움이 없었다. 무언가 어렵고 심각한 과제를 받아 막막한 느낌보다는 과거를 돌이켜 성찰해보고, 긍정적인 주제를 논하다보니 보다 흥미 있고, 미래에 대한 새로운 모습을 그려낼 때는 동심의 세계에 빠져든 것 같았다."

"모든 구성원들이 참여하여 토론하니, 조직 내에서 계층적인 느낌은 사라졌다. 긍정적인 주제는 그 주제에 모든 관심과 에너지를 모으게 하는 힘이 있었으며, 이러한 느낌은 조직 내 지위고하를 막론하고 모두가 공감할 수 있는 것이었다고 생각한다."

"과거와 미래를 잇는 즐거운 작업이었다. 기존의 비전설정이나 꿈 만들기는 다소 추상적이거나 말 잔치에 불과한 것이 많았는데, 이번 프로그램은 과거에 우리가 성취했던 부분, 강점인 부분에서 미래를 바라볼 수 있어서 보다 구체적이고 실천적이었다고 생각한다."

AI에 관한 FAQ(Frequently Asked Questions)

1. AI란 무엇인가요?

AI는 조직의 강점만을 기반으로 한 조직역량강화 모델로 이상적인 미래 이미지를 통하여 변화를 추구합니다. AI는 'Appreciative'와 'Inquiry' 의 두 단어로 이루어져 있는데, 'Appreciate'는 '가치를 제공 또는 증가시키는 것, 과거와 현재의 강점, 성공, 잠재력 등을 인식하는 것, 긍정적으로 이러한 가치들을 받아들이는 것'을 의미하며, 'Inquiry'는 '발견, 탐색, 조사, 연구를 수행하는 행위, 새로운 잠재성이나 가능성을 찾도록 개방적으로 질문을 수행하는 것'을 의미합니다.

AI개념의 창시자인 쿠퍼라이더는 "AI는 사람들 안에, 그들의 조직 안에 그리고 그들을 둘러싸고 있는 세계 안에 존재하는 최고와 최선의 것을 찾기 위한 상호협력적이고 상호진화적인 탐구다. 경제적, 생태적, 인간적 측면에서 한 조직이나 공동체가 가장 효과적으로 역량을 잘 발휘했던 때, 그 조직 혹은 공동체에 생명력을 불어넣었던 것들에 대해 체계적으로 탐색하고 발견해가는 것을 의미한다"라고 정의합니다.

2. AI가 기존의 문제해결 및 변화 접근법과 구별되는 차이점은 무엇인가요?

전통적 문제해결 접근법은 초점을 '문제점, 약점, 결함'에 집중하고, '문제, 약점은 무엇인가? 문제의 원인은 무엇인가? 무엇이 우리의 목표에 장애가 되는가?'에 많은 관심을 갖고 있습니다. 문제를 발견하고 세분화하여 원인을 분석하고 소수의 전문가 그룹이나 담당자에 의존하여 해결책을 도출하고자 합니다. 어떠한 것에 문제가 있다면 그것에만 모든 에너지를 집중함으로써 우리가 잘 하고 있는 강점이나 특징을 발견할 여유를 갖지 못하게 된다는 도전을 받고 있습니다.

이에 반하여, AI접근법은 '비전, 꿈, 희망, 강점, 가치' 등에 초점을 맞추며, '구성원들이 경험한 성공, 가치, 강점은 무엇인가? 그러한 성공과 강점은 무엇에서 비롯되는가? 무엇이 우리가 진정으로 원하는 것인가?' 등에 관심을 둡니다. 미래의 새로운 가능성 추구와 최상의 실행 행위, 경험 등을 발견하기 위해 질문을 중시하며, 긍정적이고 도전적인 분위기를 중시하고 참여의 촉진을 강조합니다.

3. AI라는 개념과 방법론은 왜 등장하게 되었나요?

1980년대, 케이스 웨스턴 리저브(Case Western Reserve) 대학의 데이비드 쿠퍼라이더(David L. Cooperrider) 교수는 한 연구조사에서 동일한 조직에 대하여 부정적인 질문이나 문제중심의 질문을 한 팀의 경우는 조직에 매우 부정적인 결과를 초래하고 있었으며, 긍정적인 질문을 한 경우에는 매우 긍정적으로 조직을 바라보게 하고 있다는 사실을 발견했습니다. 문제에 대한 질문은 결국 인터뷰하는 사람들에게 문제의 마인드 셋을 형성시켰으며, 반대로 긍정적인 질문은 인터뷰한 사람들에게 긍정적인 마인드 셋을 정립시켰다는 것이었습니다. 이것이 바로 쿠퍼라이더 박사가 AI라는 프레임워크를 연구하기 시작한 계기가 되었습니다. AI의 기본적인 이론적 배경은 기대, 희망, 꿈, 신념 등과 같은 생각이 우리의 모든 것을 만든다는 것에 기초를 두고 있다는 점을 강조합니다. 우리가 기대하고 희망하고 꿈꾸는 것이 어느 정도로 긍정적이냐 하는 것에 따라서 인간의 시스템이 긍정적인 방향으로 전환될 것이라는 신념에 근거하고 있습니다.

4. AI와 강점 기반 변화와는 어떠한 관계가 있나요?

AI는 조직의 경험적 강점을 탐색하고 이를 기반으로 한 조직역량을 강화하는 프로세스이며, 조직구성원 모두가 공유하는 이상적 이미지를 통하여 변화를 추구하는 일련의 조직역량강화의 과정입니다. 그 과정에서 모든 이해관계자들이 조직이 추구하는 최고의 가치와 잠재력(강점)을 끌어내기 위해 함께 대화하고 참여하는 상호협력적 조직변화 자체라고 말할 수 있습니다. AI는 강점의 탐색과 연계를 강조하며, 질문을 통해 우리의 깊숙한 곳에 위치한 강점과 가능성을 드러내며, 우리의 태도와 행동과 에너지를 긍정적인 것으로 집중시키도록 합니다. 그리고 이러한 모든 과정에 참여와 몰입을 강조하며, 이를 통해 얻은 미래의 모습은 참여자 모두가 공유합니다.

5. AI를 구성하는 핵심요소에는 무엇이 있나요?

AI 방식이 기존의 변화 방식과 근본적인 차이를 가져다주는 것은 '긍정'과 '질문'이라는 두 가지 요소 때문입니다.

첫째 요소는 '긍정'의 어프로치입니다. AI는 언어가 모든 관점의 중심이고, 그 내용과 말의 사용은 철저히 긍정에 기반을 두어야 한다는 점을 일관되게 강조합니다. 긍정적인 이미지의 형성은 개인과 조직이 그들의 목표와 미래에 대하여 긍정적인 결과를 가져오게 된다고 보는 것입니다.

둘째 요소는 '질문'의 힘입니다. AI에서 '질문'은 매우 중요한 핵심요소입니다. AI 프로그램 과정에서 사람들은 그들의 가장 좋은 개인적인 경험을 기억하고 그것에 대하여 기술할 것을 요청받습니다. 스스로 그러한 경험을 찾아내기 위해 자신의 마음 속에 닻을 내리게 됩니다. 이것은 그 경험의 내면에 있는 가치들을 발견할 수 있도록 해줍니다. 예컨대, AI 과정에서 '무엇이 ~에서 가장 좋은 경험이었는가?'라든지 '여러분이 ~에서 되기를 바라는 3가지는 무엇인가?'와 같은 질문은 이러한 개념에 기초하고 있습니다.

데이비드 쿠퍼라이더는 "우리가 하는 질문은 우리가 발견해야 하는 것에 대한 무대를 제공한다. 우리가 발견하는 것은 미래가 어떠한 모습이 될지에 대한 스토리를 제공한다"라고 질문의 중요성을 강조합니다. 또한, 저베이스 부쉬(Gervase Bushe)는 "AI는 단순한 가정에 기초하고 있다. 조직은 우리가 반복해서 질문하고 주목하는 방향으로 성장한다는 점이다"라고 말하고 있습니다.

6. AI의 기본원리는 무엇인가요?

AI가 조직의 변화를 성공적으로 이끌어낼 수 있는 것은 다음과 같은 원리에 철저히 기반을 두고 있기 때문입니다. 이를 통상 'AI의 원리'라고 일컬으며, AI 실행의 모든 프로세스에 영향을 주고 있습니다.

제1 원리 : 구성주의자의 원리 – "참여와 대화가 변화를 촉발한다."
구성주의(Constructivism)는 인간이 자신의 경험으로부터 지식과 의미를 구성해낸다는 이론입니다. 즉, 구성주의자들은 인간이 경험하는 실재의 세계는 독립된 것이 아니라 개개인이 부여한 의미에 의해서 성립한다고 봅니다. 그러므로 어떤 사물을 보는 입장도 여러 가지가 있을 수 있으며 어떤 사건이나 개념에 대해서도 서로 다른 많은 의미와 견해가 있을 수 있다는 것입니다. 이러한 관점에서 다수가 참여와 대화를 통해 새로운 가치를 발견해 나가는 것을 중요하다고 봅니다.

제2 원리 : 동시성의 원리 – "질문과 동시에 변화를 촉발한다."

동시성의 원리는 질문과 변화의 동시성을 의미합니다. 즉, 올바른 질문은 즉시 변화를 촉발하는 중요한 도구가 될 수 있다는 것입니다. 예컨대, "과거의 가장 바람직한 모습은 무엇인가?" "조직에서 더 많은 가능성은 무엇인가?"라는 질문은 그 자체로 변화를 일으키게 된다고 봅니다. 동시성의 원리는 조직은 그들이 질문하고 탐색하는 방향으로 움직이게 되고 에너지의 집중이 일어난다는 것입니다.

제3 원리 : 시(詩)의 원리 – "경험과 스토리에 이미지와 은유를 활용하라."

조직의 경험과 스토리는 다양하게 해석될 수 있습니다. 의미를 부여하는 것에 따라 새로운 세계를 창조하고 새로운 시각을 얻게 해줍니다. 시는 시인의 예술적 정서를 표현한 문학으로, 시어는 함축적 의미로 쓰이므로 연상작용에 의해 암시할 뿐이며, 상상을 통해 생명을 표현하고 인생의 의미를 해석하도록 해준다는 것입니다. 이렇듯 조직에서도 다양한 경험과 스토리를 재해석하고 의미를 부여함으로써 가치 있는 것을 얻을 수 있다고 봅니다.

제4 원리 : 예상성의 원리 – "미래에 대한 이미지는 예상을 통해 형성된다."

이는 미래에 대한 조직의 긍정적 이미지가 그 조직 또는 그 조직 구성원들이 가지는 현재의 행동방식 및 성과에 영향을 준다는 것입니다. 미래에 대한 이미지는 정해지고 주어지는 것이 아니라 구성원들 간의 공유와 참여를 통해서 새롭게 창조되는 것이라고 봅니다. 이러한 작업은 '미래는 이럴 것이다'라는 예견에 바탕을 두어 이루어지며, 이 과정을 통해 사람들은 조직의 미래에 대한 이미지를 생성시키고, 또한 이러한 이미지는 그들의 행동과 가치에 직접적인 영향을 주게 됩니다.

제5 원리 : 긍정성의 원리 – "긍정의 힘과 에너지를 중시하라."

긍정성의 원리는 조직에 변화를 위해서는 위기의식이 아니라 꿈, 희망, 에너지, 목적의식, 자발적 참여 등과 같은 긍정적이고 미래지향적이며 그들에게 기쁨을 주는 것이어야 한다는 것입니다. 조직 내 긍정의 바이러스가 퍼져 긍정의 문화가 정착되면 변화는 바람직한 방향으로 일어나게 된다고 봅니다.

7. AI는 어떠한 경우에 보다 효과적이고, 어떠한 경우에 한계점이 있나요?

AI는 다음과 같은 상황에서 보다 더 큰 효과를 볼 수 있습니다:

- 코칭, 멘토링
- 집단 간 협력과 신뢰의 형성 및 개선
- 부서나 영역의 합병 등

- 고객서비스의 강화와 개선
- 생각보다 오래 걸리는 변화나 계획의 재충전
- 전략 기획과 같은 전사에 관련된 조직변화
- 소규모 집단 개발
- 사명과 비전의 개발
- 조직/시스템 재설계
- 리더십 개발
- 조직문화 혁신
- 지역사회 개발
- 갈등해결
- 수업 설계 등

하지만, AI는 다음의 경우에 가장 좋은 접근법은 아닐 수 있습니다:

- 위험한 환경에 빠져 있는 조직
- 예기치 않은 불행에 직면하고 있는 조직(스캔들, 자연재해 등)
- 경영진이 문제중심의 접근법을 사용하는 것에 집착하는 경우
- 구성원의 의견이 존중되지 못하거나 경시되는 조직의 문화가 지배적인 경우
- 참여 프로세스가 개방적이지 못한 경우
- 충분한 준비와 자원이 확보되어 있지 못한 경우
- 충분한 시간이 없고 단기적인 의사결정이 필요한 경우 등

8. AI 도입 시 사전에 검토해야 할 사항은 무엇인가요?

먼저, '조직이 참여적 프로세스에 개방적이라는 것을 받아들이고 있는가?'입니다. 예를 들어 중역들의 회의에서 논의되어야 할 특정한 의사결정 사항이 아니라 이해관계가 있는 조직의 모든 구성원, 즉 누구라도 참여할 수 있도록 개방적인 것인가에 관한 것입니다. 조직의 모든 구성원이라는 것에 주목할 필요가 있는데, 비록 시급이나 임시직과 같은 사람들도 필요하다면 참여하여 그들의 의견을 자유롭게 개진할 수 있도록 해야 한다는 것입니다. 때때로 일터에서 그들의 경험과 의견은 놀라운 아이디어로서 작용할 수 있다고 보는 것입니다. AI의 주제가 무엇이어야 하는가의 측면에서도 이러한 주제의 선정은 광범위한 참여 프로세스에서 형성되어야 한다고 봅니다. 또한, 조직에 있는 모든 사람에게 준비할 충분한 시간을 주고, 공정한 기회를 부여할 수 있느냐는 것도 중요한 요소입니다. AI의 과정은 '신속한 해결'의 과정이 아닐 수 있습니다. 대부분의 경우 시간과 많은 노력이 필요하며, 아주 소규모의 조직에서 간단해 보이고 잘 조직화된 주제라 할지라도 구성원들이 AI를 충분히 이해하고 이를 그들의 업무방식과 조직문화로 정착시키기 위해서는 많은 시간이 걸릴 수 있다는 점을 고려할 필요가 있습니다.

9. AI는 회사와 같은 영리조직뿐만 아니라 공동체, 공공기관 등 비영리 조직에도 적용이 가능한가요?

AI는 긍정적인 변화가 필요한 모든 조직에 적용될 수 있습니다. 회사와 같은 영리조직뿐만 아니라 지역사회, 공공기관 등 다양한 조직에 매우 효과적으로 적용될 수 있습니다. 모든 조직은 AI를 통하여 기존 접근법과 다른 측면에서 조직을 바라보는 새로운 창을 갖게 됩니다.

10. AI 도입의 기대효과에는 무엇이 있나요?

첫째, AI는 프로세스와 결과에 대한 주인의식을 고양합니다. 이상적 인 AI 프로세스는 거의 모든 사람들을 참여시키고 그들 간에 능동적인 대화와 협력이 일어나도록 독려합니다. 프로세스가 퍼실리테이터의 지원 아래 진행되지만, 변화의 산출물은 구성원들의 집합적인 경험, 지 혜, 자원들에 의하여 형성됩니다. 외부의 전문가나 컨설턴트가 답을 내 려주고 산출물을 정리해주는 것이 아닙니다.

둘째, AI는 다양성을 존중하고 개방성을 강조하는 조직문화를 형성 해줍니다. 모든 사람들로부터의 목소리를 듣고 의견을 모읍니다. CEO 로부터 현장 직원에 이르기까지 다양하게 참여하고 아이디어를 나누 고 그들의 훌륭한 경험과 가치들을 함께 토론합니다. 핵심멤버만을 중 심으로 하지 않으며, 다양성에 대한 존중이 보다 풍부한 해결책을 얻 어낼 수 있다고 믿는 것입니다.

셋째, AI는 복잡한 상황에서조차 즉각적인 변화를 이끌어냅니다. 어 떤 것을 조사하고 탐색할 때 그와 동시에 변화가 시작된다는 것입니 다. 통찰력 있게 구조화된 질문은 조직구성원들에게 그들의 과거를 돌아보고 좋은 경험과 장점을 발견하며, 이에 기반하여 미래를 내다보게 합니다. 그것에 에너지를 모으고 동기부여하며, 창의적이 되도록 이끌고, 긍정의 에너지가 넘치도록 해줍니다.

넷째, AI는 그것 자체로 긍정적인 에너지를 유지함으로써 변화의 지속성을 갖도록 도와줍니다. 변화가 외부에서 독려되거나 압력으로 이루어진 것이 아니라 그들의 과거 경험에 대한 탐색, 자신들의 참여에 의한 개발을 통해 이루어지므로 더욱 지속성을 갖게 된다는 것입니다. AI의 프로세스는 프로그램의 완료로써 종결되는 것이 아니라 '긍정조직', '강점조직'으로 끊임없는 진화가 이루어지도록 하며, 이러한 과정 속에서 참여자들은 학습되고 성장하게 됩니다.

다섯째, AI는 현실에 기반한 해결책을 제시해줍니다. 외부 전문가에 의해 짜여진 계획은 조직이나 공동체의 현실과 다소 동떨어진 것이 될 수 있습니다. 아무리 이상적인 해결책이라도 현실을 무시해서는 도저히 실행해 나갈 수 없을 것입니다. 그러나, AI는 과거의 경험을 고찰하고, 현재 자원들의 최적화를 고려하며, 미래의 이미지를 그려 나갑니다. 추상적인 원칙에 의한 것이 아니라 집단적인 경험으로부터 탄생하고 성장하는 것이므로 보다 현실적이라고 할 수 있습니다.

11. AI의 추진조직은 어떻게 구성되며, 각각의 역할은 무엇인가요?

AI의 본격적인 추진을 위해 추진팀의 구성이 필요한데, 보통 다양한 조직에서 온 8~12명 정도로 구성됩니다. 추진팀은 구체적으로 어떻게 AI 프로그램을 추진하고, 어떻게 구성원들을 참여시킬 것인지를 고민해야 합니다. 구성원들에게 다양한 방법을 통해 홍보와 참여를 유도하려는 노력이 필요합니다.

추진팀은 먼저 AI의 컨셉과 프로세스에 대하여 충분한 교육훈련을 받아야 합니다. 특히, 서로 '긍정의 인터뷰'를 수행하는 방법 등에 대하여 충분히 훈련되어야 합니다. 추진팀은 또한 질문을 수행하여야 할 3~5개의 핵심 테마를 도출하는 데 노력을 기울여야 합니다. 테마는 궁극적으로 AI의 향후 프로세스의 모든 것을 좌우하는 중요한 것이므로 추진팀은 이러한 부분에 각별한 노력을 기울여야 합니다. 인터뷰의 대상, 범위 등 전체 추진 프레임워크를 선정하고 인터뷰 대상이 되는 사람들에 대한 특성을 충분히 조사해야 합니다. 인터뷰 대상자를 확정하면 '인터뷰 질문서'를 개발하는 데 노력을 기울여야 합니다.

한편으로, 리더십 자문팀은 AI 스폰서이며, 중요한 의사결정 수행, 조직의 지위를 벗어나 동일한 입장에서 참석하여 의견 개진과 토론 등을 담당하며 3~5명 정도의 경영진으로 구성됩니다.

퍼실리테이터는 AI 대상자 교육, 핵심팀 지원 및 코칭, AI 과정 퍼실리테이션, 단계별 포인트 제시, 산출물의 효과적 관리 등을 담당하게 됩니다.

12. AI 추진자(Facilitator)의 역할과 필요역량은 무엇인가요?

첫째, 기존의 계층적 패러다임을 참여적 패러다임으로 전환하고, 부정적 인식과 사고의 관점을 긍정적 인식과 사고의 관점으로 과감히 전환하여 나갈 수 있도록 해야 합니다. 이러한 패러다임의 전환은 때로는 기존의 사고와 행동과 충돌을 일으킬 수도 있음을 고려하고, 이를 극복하기 위한 방안을 강구해야 합니다.

둘째, 조직 변화를 위한 대규모 퍼실리테이션 상황에서 거시적인 프로세스 프레임과 미시적인 전략을 균형적으로 적용할 수 있도록 노력해야 합니다. AI의 5D 프로세스를 준수하되 각 단계에서 이루어지는 활동에 있어 장애요인, 위험요인, 함정 등을 충분히 고려하여 원활하게 모든 활동이 진행되도록 할 수 있어야 합니다.

셋째, AI의 지식과 요령을 부단히 학습해야 합니다. 긍정 마인드 셋을 가질 수 있도록 하는 퍼실리테이션 능력을 확보해야 하고, 대규모의 AI 변화 프로세스 참여를 효과적으로 이끌어 갈 수 있어야 합니다.

넷째, 변화를 위한 지속적인 에너지를 유지해야 합니다. 프로그램 처음에는 항상 에너지가 불타 오르지만 어느 순간 열정이 식고, 추진력을 잃어 처음에 의도했던 목표를 달성하지 못하는 경우가 많습니다. 따라서, AI 추진자는 에너지가 끊임없이 지속되도록 열정에 불을 피워야 합니다.

다섯째, 전략, 구조, 문화 등의 통합적 노력을 지속해야 하며, 비전이 공유될 수 있도록 노력해야 합니다. 테마를 구체화하고 해결책을 그려내는 데 있어서 이러한 관점이 지속되도록 유념해야 합니다.

13. AI는 어떠한 프로세스로 진행되나요?

AI 프로세스는 4단계 또는 5단계로 이루어지는데, 이는 적용과제나 상황에 따라 변형되어 적용될 수 있습니다. 사전준비를 거쳐 1단계는 다루어야 할 테마를 발굴하는 것으로 시작됩니다. 다음으로 2단계는 조직이나 개인이 성과가 좋았던 경험들, 즉 최고의 조직 가치를 발견하고 조직의 강점과 최고 사례, 두드러진 혹은 예외적인 순간들을 탐색하고, 묘사하고, 설명하는 '발견하기(Discovery)', 3단계는 '무엇이 될 수 있는가?'에 대한 답을 하는 단계로 구성원 모두가 원하는 결과에 대한 상상을 통해 조직의 잠재력 및 비전을 발굴하는 단계인 '꿈꾸기(Dream)', 4단계는 '무엇이 가장 이상적인가?'에 대한 답을 찾는 과정으로 이상적인 조직 구현을 위한 실현 가능한 방안을 도출하는 단계인 '설계하기(Design)', 5단계는 '어떻게 권한을 부여하고, 학습, 조정, 개선할 것인가?'에 대한 답을 찾는 단계로, 조직 전반에 걸쳐 전체 시스템의 긍정적인 실행방안을 강구하는 '실행하기(Destiny)'로 이루어집니다.

14. AI 프로세스 중 '발견하기(Discovery)' 단계에서 '질문'이 중요한데, 왜 질문이 중요하며, 어떠한 질문을 던지는 것이 바람직한가요?

질문은 핵심가치를 이끌어내며, 혁신과 실행을 촉진시키는 역할을 합니다. 질문은 내가 궁금한 것을 알기 위한 소극적 의미의 질문이 아니라 상대방이 자신의 좋은 경험, 성공스토리를 잘 생각해내도록 돕는 활동인 것입니다. 열린 분위기에서 긍정적인 질문을 던지고, 상대방이 이에 대한 경험, 가치, 성공체험 등을 스토리로 말하도록 유도합니다.

'발견하기(Discovery)' 단계에서는 긍정적 테마에 대한 인터뷰를 준비하고, 실시하고, 인터뷰 결과를 정리하여 공유하는 과업을 포함합니다. 인터뷰를 잘 하기 위해서는 긍정적 테마에 부합하는 긍정적 인터뷰 항목, 즉 질문들을 정리해야 합니다. 보통 2~5개 정도의 핵심 질문들을 선정하는데, 간단한 도입부 설명을 시작으로 테마와 연계된 핵심질문으로 들어 가게됩니다. 다음의 예시 질문들은 AI를 통해 얻고자 하는 바를 제시해줍니다.

첫째, 가장 좋은 경험(Best Experience) : 여러분의 조직 또는 공동체에서 가장 좋았던 시기에 대해 말씀해주십시오. 여러분의 조직생활에 있어서 가장 생동감 있고, 참여가 활발하게 이루어지고, 가장 흥분되고 기뻤던 때가 언제인지를 회상하고 자세하게 이야기를 들려주십시오.

둘째, 가치(Values) : 여러분이 가치 있게 여기는 것들은 무엇입니까? 특히, 여러분 자신과 여러분이 속해 있는 조직이나 집단에 대해 생각해보십시오. 여러분의 성공과 최상의 성과 창출에 기여를 하고 있는 가치는 무엇입니까?

셋째, 생명력을 불어넣는 핵심 요소(Core Life-Giving Factor) : 여러분은 조직에 생명력을 불어넣는 요소나 가치는 무엇이라고 생각합니까? 그러한 이벤트나 사례가 있었다면 이야기 해주십시오.

넷째, 3가지 바람(Three Wishes) : 만약 여러분이 속해 있는 조직이나 집단을 위한 3가지 바람이 있다면 무엇인지 말씀해주십시오.

15. AI 프로세스 중 '발견하기(Discovery)' 단계에서 '스토리텔링'이 중요한데, 왜 스토리텔링이 중요하며, 어떻게 이를 활용해야 하나요?

AI의 중심에는 스토리가 있습니다. 긍정적 경험이나 최고의 성과를 낸 순간의 경험들을 스토리로 만들어, 이를 통해 서로가 공유하기 쉽고, 그들의 희망과 미래를 이미지화하는 과정을 통해 새로운 관계를 형성할 수 있기 때문입니다. 긍정적인 귀를 통하여 이러한 스토리를 듣는 것은 참여자 모두에게 보다 더 깊이 있는 생각과 통찰력을 자극하게 됩니다. 또한, 스토리 속의 감동적인 사실들이 감정을 자극하고 더욱 몰입할 수 있도록 만들어주기 때문입니다.

사람들은 그들이 속해 있는 조직, 집단 등 자신의 시스템에서 일어난 성공에 대한 이야기에 귀 기울이며, 이러한 질문에 대하여 보다 풍부한 답변을 이끌어냅니다. 개인적인 말과 이야기로부터 온 정보는 단순히 강점이나 가치 등을 나열하는 것보다 풍부할 뿐만 아니라 정확하기도 합니다. 또한, 스토리는 상상력을 불러일으키며, 분석적인 토론을 할 수 없는 부분을 활성화시키며 자극시킵니다. AI가 과거의 훌륭한 경험과 가치를 미래의 꿈에 연결시키는 것이라고 볼 때 스토리는 이러한 가교 역할을 하는 최상의 적절한 도구라고 할 수 있을 것입니다.

16. AI 프로세스 중 '꿈꾸기(Dream)' 단계에서 '도발적 제안'이란 무엇인가요?

'도발적 제안' 또는 '가능성 기술문'은 '꿈꾸기' 단계의 산출물을 요약하고 기록하는 방법이 됩니다. 도발적 제안은 '가장 좋은 것인가?'와 '어떻게 될 것인가?'에 대하여 그 간격을 연결해주는 다리역할을 수행합니다. 즉 '발견하기' 단계로부터 얻어진 최상의 실행행위, 경험, 성과 등을 꿈꾸기에 연결하는 역할을 해주는 것입니다. 도발적 제안은 말 그대로 평범하게 현상적인 부분에 대한 표현이 아니라 보다 도전적이고 바람직한 이미지를 강력하게 표현하는 것이어야 합니다. 그것은 희망을 포함해야 하는데, 조직이나 집단의 모든 구성원들은 그 진술문에 기록된 것이 자신들의 이야기가 되고 희망이 되어야 한다는 것입니다. 그것은 긍정의 언어로 쓰여져야 하고 현재 시제로 쓰여져야 합니다. 조직이나 집단이 자신들의 이미지를 반영하도록 기술되어야 하고 현재의 이야기처럼 생생하게 표현되어야 합니다. 그리고 그것은 고도로 참여적인 것이어야 합니다.

17. AI 프로세스 중 '설계하기(Design)' 단계에서 고려해야 할 사항은 무엇인가요?

'설계하기' 단계는 '꿈꾸기'에서 설정한 꿈과 이를 구체적으로 기술한

'도발적 제안'을 어떻게 구체적으로 실현할 것인가에 초점을 두고 있습니다. 이를 위해서는 전략, 조직, 구조, 프로세스, 문화 등을 어떻게 도발적 제안에 맞추어 나갈 것인지를 고민해야 하며, 누가 이러한 작업에서 이해관계자인가를 분명히 정의하게 됩니다. 이 단계에서는 다음의 사항들을 검토해야 합니다.

- '꿈'을 실현하기 위해 관련된 변화의 주제를 잘 선정하고 있는가?
- '꿈'을 실현하기 위한 전략, 문화, 조직, 구조, 프로세스 등을 구체적으로 정의하고 있는가? 빠진 부분은 없는가?
- 목표, 활동계획은 일관성 있게 적절하게 정의되고 있는가?
- 활동을 수행하기 위한 주체는 명확한가?
- '도발적 제안'은 목표와 활동과 유기적이고 일관성 있게 연계되어 있는가?

18. AI 프로세스 중 '실행하기(Destiny)' 단계에서 고려해야 할 사항은 무엇인가요?

'실행하기(Destiny)' 단계는 AI의 공식적인 마지막 단계로서, 이전 단계에서 AI 프로그램을 통해 무엇이 변화되었는지를 성찰해보아야 합니다. 또한, 이러한 변화에 참여한 사람들을 인정하고 존중하는 과정을 통해 성취감을 느끼고 지속적인 변화를 독려하게 됩니다. 이 단계에서는 다음의 사항들을 검토해야 합니다.

- 역할과 책임은 명확한가?
- 실행계획에 따라 잘 추진되고 있는지를 모니터링하는가?
- 계획을 추진하는 데 영향을 주는 변수들에는 무엇이 있는가?
- 구성원의 참여와 노력에 대한 보상과 축하는 어떻게 이루어지는가?
- 지속적인 변화와 학습을 위한 토양은 갖추어져 있는가?
- 구성원은 변화를 즐기고 있는가?

19. AI는 주로 어느 영역에 적용되어 왔나요?

AI는 조직의 전략기획, 조직문화 변혁, 리더십, 코칭, 팀 빌딩, 채용 인터뷰, 평가, 개인의 삶의 변화 등에 이르기까지 매우 다양한 형태로 적용되어 오고 있습니다. AI의 접근법은 이러한 영역에 있어서 기존의 태도나 방법을 모두 버리는 것이 아니라 큰 틀은 유지하되 AI의 장점을 접목함으로써 그 효과를 더욱 높이는 것으로 발전하고 있습니다.

20. AI 프로그램을 도입하여 성공하기 위한 요소는 무엇인가요?

AI가 진정으로 성공하기 위해서는 다음과 같은 요건들의 충족이 반드시 필요합니다.

- 이해관계자 간 개방적이고 참여적인 접근법을 활용
- 조직이나 공동체의 모든 레벨에 있어서의 광범위한 참여
- 데이터와 사실을 다양하게 해석할 수 있음을 인정하는 개방성

- 탐색에 필요한 충분한 시간을 투입하려는 의지와 환경
- 프로세스와 산출물을 신뢰하는 의지
- 강점을 지지하는 언어의 사용
- 가치의 탐색 및 중시 : 친절, 사랑, 용기, 감정, 관대함
- '사람과 조직이 지혜의 원천'이라는 믿음

21. AI 서밋(Summit)이란 무엇인가요?

AI 서밋(Appreciative Inquiry Summit)은 작게는 30명, 크게는 수천 명에 이르는 다양한 이해관계자들이 한 곳에 모여 그들의 성장과 그 과정을 통해 얻은 좋은 경험, 최상의 실행행위, 강점, 가치 등을 탐색하고 미래를 그려보는 대규모의 집단적인 미팅입니다. 대규모의 집단이 단기간 내에 긍정변화를 가속화하는 '전체시스템 긍정변화' 방법입니다. 이는 AI의 성공적인 활용을 위해 적용되는 가장 일반적인 방법 중 하나로, 조직 전체의 관점에서 학습과 변화가 대규모로 일어나게 하며, 강점기반의 가치 발견을 통한 긍정적인 문화를 정착시키고 참여에 의해 개개인의 주인의식 및 공동의 책임감을 제고하는 효과를 기대할 수 있습니다. AI 서밋은 AI 프로그램의 핵심 방법으로 활용됩니다.

22. AI를 도입하여 성공한 대표적인 사례는 무엇인가요?

통신회사인 GTE(현 Verizon), O2 등의 기업은 기업문화 혁신과 조직 개발에 AI를 도입하여 큰 성과를 거두었으며, 영국항공(British Airways)의 경우는 AI 워크숍을 통하여 잠재적 창의성을 개발하고 전 세계 영업

조직의 성공 사례를 전파하는 데 효과적으로 활용하고 있습니다. 헌터 더글라스 사는 긍정 혁명 워크숍을 통해 직원들의 전문성 개발 활동 참여 증가, 조직 목표에 대한 이해 증가, 자신의 일이 조직 목표와 맞는지에 대한 이해 증가, 조직 목표에 대한 헌신 증가, 직원들의 생산성, 혁신, 창의성에 대한 동기부여 등의 성과를 거두었습니다. 이밖에도 수많은 기업과 공공조직 등이 AI를 도입하여 조직변화를 성공적으로 수행해오고 있습니다.

23. AI의 발전에 공헌한 사람들은 누가 있나요?

데이비드 쿠퍼라이더(David Cooperrider)는 케이스 웨스턴 리저브(Case Western Reserve) 대학의 교수이자 조직행동연구소 소장직을 맡고 있으며, AI의 창시자로 불리고 있습니다. AI의 사상, 철학 및 방법론을 체계화했으며, 조직개발에 있어서 협력적 행동을 촉진시키는 조직의 긍정적 핵심요소를 개발하고 지지하도록 하는 데 많은 업적을 남겼습니다.

다이애나 휘트니(Diana Whitney)는 'the Corporation for Positive Change' 사의 대표로 AI를 통한 대규모 변화 프로그램으로부터 리더십 개발, 경영 개발 등에 이르는 폭넓은 프로젝트를 수행했습니다. AI의 이론을 현실에 적용할 수 있는 다양한 방법론과 성공사례들을 발표했습니다. AI 분야의 가장 저명한 컨설턴트이며, 사상적 리더라 일컬어집니다.

제인 왓킨스(Jane M. Watkins)는 데이비드 쿠퍼라이더와 함께 40년 이상 조직개발 분야에서 일해왔으며, 세계 50여 개국 이상에서 AI 프로그램을 통해 조직의 성공적인 변화를 지원해왔습니다. 특히, 정부기관, 비영리기관 등에 최초로 AI를 성공적으로 적용했습니다.

마커스 버킹엄(Marcus Buckingham)은 강점기반 개발을 통해 리더십, 경영관리, 조직개발 등에 성공적으로 적용해왔습니다. 그는 개인과 조직이 강점을 개발해 성공적으로 목표를 달성할 수 있도록 돕는 강점개발 도구인 스트렝스파인더를 개발해서 개인과 조직에 성공적으로 적용해 왔습니다.

마틴 셀리그만(Martin E.P. Seligman) 박사는 긍정심리학의 창시자이며, 펜실베이니아대학 심리학 교수입니다. 학습된 무기력, 낙관주의 이론의 선구자이며, 긍정이 성과에 어떠한 영향을 미치는지를 많은 연구를 통해 규명했습니다.

24. AI에 관하여 보다 많은 학습을 위한 자료나 도움을 받을 수 있는 방법은 무엇인가요?

다음의 홈페이지에서 많은 정보들을 얻을 수 있습니다.

http://appreciativeinquiry.case.edu/

http://www.aipractitioner.com/

새로운 변화를 향한 비전

AI의 창시자인 쿠퍼라이더는 AI를 조직, 시스템에 있어 상상력과 지적 자본을 제공해 긍정적 핵심요소를 찾아내는 '검색엔진(Search engine)'이라고 말했다. AI를 조직에 도입하고자 하는 것은 새로운 시각을 가질 수 있도록 해준다. 또한, 그것은 과거의 성공경험, 강점을 미래의 꿈과 연계시키는 가교 역할을 한다. AI는 특히 긍정 변화모델, 긍정심리학 등의 핵심흐름을 조직개발 기법에 반영하고 있으며, 전략기획, 조직문화 변혁, 핵심가치 발견, 업무성과 향상, 직원관리, 리더십 등에 효과적으로 활용될 수 있다. 조직 내 이해관계자의 광범위한 참여로 이상적 이미지를 통한 변화를 추구하며, 충분한 대화와 스토리텔링을 통해 최고의 가치와 강점, 잠재력을 이끌어내는 협력적 과정인 것이다.

성공적인 업적을 이룬 리더의 공통점은 긍정적인 사고방식을 갖고 있다는 것이다. 이러한 긍정적 자세는 어떠한 경우에도 흔들리지 않으며, 이러한 관점에 조직 구성원들의 헌신을 이끌어내게 된다. 우리는 그럴듯한 전략, 자산, 자금 등보다는 꿈, 긍정적인 사고, 강점에 대한 발견, 미래에 대한 이미지를 필요로 한다. AI는 이러한 필요를 채워줄 수 있다.

AI는 그동안 문제중심, 결함중심의 문제해결 접근법이 모두 필요 없다고 이야기하는 것이 아니다. 문제나 이슈를 바라보는 새로운 시각이라고 말할 수 있다. 이제까지 전통적인 문제해결방식에 고착되어 있었다면, 새로운 시각을 열어보고 시도해보는 것은 어떨까? 행복한 회사, 일하는 보람이 있는 회사, 조직과 개인의 꿈을 함께 이루어가는 회사, 에너지와 열정이 넘치는 회사. 이러한 회사를 꿈꾸고 보다 빨리 실현하는 데 있어 AI는 새로운 패러다임이다.

AI는 행복한 변화를 꿈꾸게 해준다.

참고문헌

• 국내

다니엘 골먼(Daniel Goleman), 리처드 보이애치스, 애니 맥키, '감성의 리더십', 청림출판, 2006

마이클 J. 마쿼트(Michael J. Marquardt), '질문 리더십', 흐름출판, 2006

마커스 버킹엄(Marcus Buckingham), 도널드 클리프턴(Donald O. Clifton), '위대한 나의 발견 강점 혁명', 청림출판, 2005

앤서니 라빈스(Anthony Robbins), '네 안에 잠든 거인을 깨워라', 씨앗을 뿌리는 사람, 2008

• 해외

ai consulting,(2008). What Is Appreciative Inquiry?, An ai consulting briefing paper

Alice M. Isen, (1987). Positive affect facilitates creative problem solving, Journal of Personality and Social Psychology

Brown, Juanita et. al.(2002). The World Café: A Resource Guide for Hosting Conversations That Matter, Whole Systems Associate

Browne, B. (1998). Imagine Chicago. In S. Hammond & C. Royal (Eds.), Lessons From the Field: Applying Appreciative Inquiry (chp. 6). Plano, TX: Published by Practical Press, Inc. and Distributed by the Thin Book Publishing Company.

Bushe, G. R. (1995). Advances in Appreciative Inquiry as an Organization Development Intervention. Organization Development Journal, 13(3), 14-22.

Bushe, G. R., & Pitman, T. (1991). Appreciative Process: A Method for Transformational Change. Organization Development Practitioner, 23(3), 1-4.

Command Naval Reserve Force AI Summit, (2003). Summit Report, San Diego, CA

Cooperrider, D. L. (1986). Appreciative Inquiry: Toward a Methodology for Understanding and Enhancing Organizational Innovation. Unpublished Doctoral Dissertation, Case Western Reserve University, Cleveland, Ohio.

Cooperrider, D. L. (1990). Positive Image, Positive Action: The Affirmative Basis of Organizing. In S. Srivastva & D. L.

Cooperrider (Eds.), Appreciative Management and Leadership: The Power of Positive Thought and Action in Organizations . San Francisco, CA: Jossey-Bass.

Cooperrider, D. L. (1995). Introduction to Appreciative Inquiry. In W. French & C. Bell (Eds.), Organization Development (5th ed.,): Prentice Hall.

Cooperrider, D. L. (1996). The "Child" As Agent of Inquiry. Organization Development Practitioner, 28(1 & 2), 5-11.

Cooperrider, D. L. (1996). Resources for Getting Appreciative Inquiry Started: An Example OD Proposal. Organization Development Practitioner, 28(1 & 2), 23-33.

Cooperrider, D. L., Barrett, F., & Srivastva, S. (1995). Social Construction and Appreciative Inquiry: A Journey in Organizational Theory. In D. Hosking, P. Dachler, & K. Gergen (Eds.), Management and Organization: Relational Alternatives to Individualism (pp. 157-200). Aldershot, UK: Avebury Press.

Cooperrider, D.L., P.F. Sorensen Jr., D. Whitney. And T.F. Yeager (eds.). (2000). Appreciative Inquiry: Rethinking Human Organization Towards a Positive Theory of Change. Champaign, IL: Stipes Publishing.

Cooperrider, D. L., & Srivastva, S. (1987). Appreciative Inquiry In Organizational Life. In W. Pasmore & R. Woodman (Eds.), Research In Organization Change and Development (Vol. 1, pp. 129-169). Greenwich, CT: JAI Press.

Cooperrider, D. L., & Srivastva, S. (1998). An Invitation to Organizational Wisdom and Executive Courage. In S. Srivastva & D. L. Cooperrider (Eds.), Organizational Wisdom and Executive Courage (1st ed., pp. 1-22). San Francisco, CA: The New Lexington Press.

Cooperrider, D. L., & Whitney, D. (1998). When Stories Have Wings: How "Relational Responsibility" Opens New Options for Action. In S. McNamee & K. Gergen (Eds.), Relational Responsibility. Thousand Oaks, CA: Sage Publications.

Cooperrider, D. L., Whitney, D. L.(2001). Appreciative Inquiry Handbook: A constructive approach to organization development and change. Cleveland, OH: Lakeshore Publishing.

Cooperrider, D. L., Whitney, D. L., Jacqueline M. S.(2008).
Appreciative Inquiry Handbook: For Leaders of Change, Berrett-Koehler Publishers.

Cooperrider, D. L. et. al. (1996). Appreciative Inquiry Manual . Cleveland, Ohio: Unpublished notes. Case Western Reserve University, Department of Organizational Behavior.

Curran, M. (1991). Appreciative Inquiry: A Third Wave Approach to OD. Vision/Action, December, 12-14.

Eric E. Vogt, Juanita Brown, and David Isaacs, (2003). THE ART OF POWERFUL QUESTIONS : Catalyzing Insight, Innovation, and Action, Whole Systems Associates

Golembiewski, R. T. (July 1997). Appreciating Appreciative Inquiry. Paper presented at the Annual Meeting of the International Conference on Organization Development, Colima, Mexico.

GTE. (1997). GTE Asks Employees To Start a Grassroots Movement To Make GTE Unbeatable in the Marketplace. GTE Together, Published by GTE Corporation, Dallas, TX, 15-19.

Hammond, S., & Royal, C. (Eds.). (1998). Lessons From the Field: Applying Appreciative Inquiry. Plano, TX: Published by Practical Press, Inc. and Distributed by the Thin Book Publishing Company.

Hopper, V. (1991). An Appreciative Study of Highest Human Values in a Major Health Care Organization. Unpublished Doctoral Dissertation, Case Western Reserve University, Cleveland, Ohio.

John Mitchell, Suzy McKenna and Cheryl Bald, (March 2009). Appreciative inquiry builds capability

KZakariasen, (March10, 2008), Whole Systems Change through Appreciative Inquiry:Workbook Examples

Leeds, Dorothy, (2000). The Seven Powers of Questions: Secrets to Successful Communication in Life and Work, Berkley Publishing Group

Lothar Liehmann,(November 2008). How Do You Become a Strength-Based Organization?, AI Practitioner

Martin E. P. Seligman, (1998). Learned Optimism: How to Change Your Mind and Your Life, Free Press

Mohr, B.J., & Watkins, J.M. (2001b). Appreciative inquiry: Change at the speed of imagination. San Diego: Jossey-Bass.

Sena, S. O., & Booy, D. (1997 Summer). Appreciative Inquiry Approach to Community Development: The World Vision Tanzania Experience. Global Social Innovations, Journal of the GEM Initiative, Case Western Reserve University, 1(2), 7-12.

Shelly L. Gable, Jonathan Haidt, (2005). What (and Why) Is Positive Psychology?, Review of

General Psychology

Stewart Resources Centre, (March 2009). Appreciative Inquiry and Strength-Based Change : A Bibliography of Resources

Teresa M. Amabile, (2005). Affect and Creativity at Work, Johnson Graduate School, Cornell University

Thachenkery, T. J. (1996). Affirmation as Facilitation: A Postmodernist Paradigm in Change Management. Organization Development Practitioner, 28(1), 12-22.

Tojo Thatchenkery, Carol Metzker, (2006). Appreciative Intelligence: Seeing the Mighty Oak in the Acorn, Berrett-Koehler Publishers

Vogt, E., Brown, J., and Issacs, D. (2003). The Art of Powerful Questions: Catalyzing Insight, Innovation, and Action.

Whitney, D. (1998 Spring). Appreciative Inquiry: An Innovative Process for Organization Change. Employment Relations Today.

http://appreciativeinquiry.case.edu/
http://www.visionboardsite.com
http://www.aipractitioner.com/

KPPI 한국긍정심리연구소

한국긍정심리연구소(Korea Positive Psychology Institute, KPPI)는 개인에게 행복을 증진시키고 행복을 활짝 피워서 행복의 만개(滿開)에 이르게 돕고, 기업에게는 긍정심리학과 긍정 리더십, 긍정 인간관계, 긍정경영으로 직원들이 직장에서 더 행복하고 즐겁게 일할 수 있게 하며, 기업은 지속적인 성장으로 더 번성할 수 있도록 강의와 교육을 통해 도와 드리고 있습니다. 그리고 플로리시(flourish, 번성, 행복의 만개)를 위한 연구와 프로그램 개발, 교육과 훈련 강의를 통해 긍정심리학이 꿈꾸는 미래, 플로리시를 함께 만들어 나가고 있습니다.

KPPI 강의 및 교육 프로그램 안내

- 플로리시(Flourish번성, 행복의 만개)
- 긍정심리학(긍정적 정서, 몰입, 삶의 의미, 긍정적 인간관계, 성취)
- 낙관성 학습(아동편, 성인편)
- 회복탄력성(트라우마 후 스트레스 장애, 트라우마 후 성장)
- 행복(개인, 가정, 직장인)
- 웰빙(개인, 기업, 도시)
- 긍정 리더십
- 긍정 인간관계
- 긍정 조직(경영)

강의 및 교육 문의

한국긍정심리연구소

TEL:031-457-7434   FAX:031-458-0097
e-mail:ceo@kppsi.com   Homepage: www.kppsi.com